dumont taschenbücher

W0095016

Margery Fish (1892–1969) machte sich einen Namen durch den (heute noch zu besichtigenden) Garten, den sie in East Lambrook Manor in der Grafschaft Somerset anlegte. Sie schrieb zahlreiche Presseartikel, hielt Vorlesungen und verfaßte mehrere Bücher über Pflanzen und Gartengestaltung, darunter *Gardening in the Shade, A Flower for Every Day* und *Cottage Garden Flowers*. Die letztgenannten Bücher sind in deutscher Übersetzung bei DuMont erschienen: *Blumen für jeden Tag* (DuMont TB 277) und *Die schönsten Blumen für den Cottage-Garten* (DuMont TB 290).

Margery Fish

NATURNAH UND SCHÖN: PFLEGELEICHTE GÄRTEN

Mit einem Vorwort von Anthony Huxley

DuMont Buchverlag Köln

Umschlagfoto: Andrew Norton, South Petherton

Die Deutsche Bibliothek – CIP-Einheitsaufnahme

Fish, Margery:
Naturnah und schön: pflegeleichte Gärten / Margery Fish. [Aus
dem Engl. übers. von Annette Roellenbleck]. – Dt. Erstveröff.
– Köln : DuMont, 1993
    (DuMont-Taschenbücher ; 289)
    Einheitssacht.: Carefree gardening ‹dt.›
    ISBN 3-7701-3108-8
NE: GT

Aus dem Englischen übersetzt von Annette Roellenbleck
Titel der englischen Originalausgabe: Carefree Gardening, W. H. & L.
Collingridge Ltd, 1966
© Margery Fish, 1966
Als Vorlage dieser Übersetzung diente die bei Faber and Faber, London–
Boston, 1989 erstmals erschienene und 1990 nachgedruckte Taschenbuch-
ausgabe gleichen Titels.
© Vorwort Anthony Huxley, 1989

Deutsche Erstveröffentlichung
© 1993 DuMont Buchverlag, Köln
Alle deutschsprachigen Rechte vorbehalten
Satz: Fotosatz Froitzheim, Bonn
Druck: Rasch, Bramsche
Buchbinderische Verarbeitung: Bramscher Buchbinder Betriebe

Printed in Germany   ISBN 3-7701-3108-8

INHALT

VORWORT

Obwohl die meisten Gartenbücher von Männern geschrieben wurden, sind die vertrauten Namen unter den Autoren wohl eher Frauen – die erste unter ihnen Jane Loudon mit ihrem 1840 erschienenen Buch *Gardening for Ladies*, im gleichen Jahr gefolgt von Louisa Johnson mit *Every Lady Her Own Flower Gardener*, einem sehr einflußreichen Titel. Unmittelbar darauf publizierten Gertrude Jekyll, Vita Sackville-West, Eleanour Sinclair Rohde, Frances Perry und Beth Chatto, um nur einige zu nennen. In diesem Kreis nimmt Margery Fish eine ganz besondere Stellung ein.

Was an ihr vielleicht am meisten überrascht, ist die Tatsache, daß sie erst verhältnismäßig spät in ihrem Leben, nach Beendigung ihrer beruflichen Tätigkeit, mit dem Gärtnern begonnen hat. Sie hatte nicht viel mehr als zwanzig Jahre Zeit, um sich Gartenkenntnisse anzueignen und sie praktisch umzusetzen und dazu auch noch ihre acht Bücher zu schreiben. Sie schrieb, wie sie gärtnerte – mit großem Enthusiasmus; zugleich war sie eine äußerst gewissenhafte Gärtnerin, die bei ihren Freunden um Rat suchte, wenn ihr irgendein Gewächs unbekannt war, und die mit ihren Pflanzen unter den unterschiedlichsten Bedingungen experimentierte und sie dabei genau beobachtete.

Als Mitarbeiter der Zeitschrift *Amateur Gardener* habe ich Margery Fish kennengelernt. Wie anders war sie als die meisten unserer Autoren! Ihre Sätze rasten nahezu unkontrolliert, fast ohne Punkt und Komma, über die Seiten. Ich fürchte, ich habe oft gestöhnt, als ihre Aufzeichnungen ediert werden sollten, aber es wurde schnell klar, daß die Texte, wenn sie erst einmal in eine gewisse Form gebracht worden waren, mit ihrem leidenschaftlichen Zugriff, der dabei so offensichtlich auf der praktischen Erfahrung der Schreiberin basierte, und mit der Erwähnung so vieler relativ unbekannter Pflanzen den Leser mit Sicherheit ansprechen würden.

Ihre Bücher sind keineswegs als Nachschlagewerke konzipiert worden, obwohl sie – wie das hier vorliegende Buch *Naturnah und schön: pflegeleichte Gärten* – fast wie einzelne Zeitschriftenartikel in Kapitel unterteilt sind. Das bedeutet, daß man jeden einzelnen Satz sorgfältig in sich aufnehmen muß, um den wahren Wert ihrer Erfahrungen, von denen sie berichtet, erfassen zu können. Aber wie lohnend ist die Arbeit, die noch übrigbleibt! Margery Fishs Absicht war es, wie sie in ihrer Einführung darlegt, eine natürliche Wirkung zu erzielen, »indem wir das, was die Natur uns vormacht, mit Kulturpflanzen nachzuempfinden versuchen«. Dieser Satz hat heute noch genauso viel Gültigkeit wie im Jahr 1966.

Anthony Huxley

EINFÜHRUNG

Die Art der Gartengestaltung ist ständig im Wandel begriffen. Statt Gärten anzulegen, die mit der Natur möglichst wenig Ähnlichkeit haben, bemühen wir uns heute um eine ›natürliche‹ Wirkung, indem wir das, was die Natur uns vormacht, mit Kulturpflanzen nachzuempfinden versuchen.

Wenn wir die Pflanzen frei wachsen lassen, fügen sie sich zu einem harmonischen Bild zusammen, und das Ergebnis ist ein glücklicher Garten mit einem festen, von Jahr zu Jahr erneut austreibenden Pflanzenbestand. Bei einer jährlich wechselnden Neubepflanzung mit Sommerblumen wird sich dieser Eindruck von Dauerhaftigkeit kaum einstellen, und der Garten kann ausgesprochen gekünstelt wirken. Sobald wir aber einjährige Pflanzen und Sommerblumen in einem dauerhaften Rahmen verwenden, können sie zu einem Bestandteil des Gartens werden.

Ein schöner Garten läßt sich auch mit Pflanzen gestalten, die nicht ständig beobachtet und versorgt werden müssen. Wir alle wünschen uns einen möglichst pflegeleichten Garten, und mit einem naturnahen Pflanzplan können wir uns diesen Wunsch erfüllen. Bei einer zwanglosen Bepflanzung ist die jahreszeitliche Gartenarbeit nicht so dringlich, und mit Hilfe einer sorgfältigen Planung können wir einen Garten schaffen, der schön anzusehen ist und dennoch mit einem Minimum an Arbeitsaufwand instand gehalten werden kann.

1. KAPITEL

Naturnahe Rabatten

Nach meiner Vorstellung stehen in einer naturnahen Rabatte alle Pflanzen zufrieden beisammen, wobei sie oft ineinander wachsen und sich miteinander vermischen. Nichts wirkt gezwungen oder gekünstelt; eigentlich sieht die Rabatte so aus, als ob die Natur selbst sie bepflanzt hätte. Sie sollte zu jeder Jahreszeit, ob im Hochsommer oder mitten im Winter, einen reizvollen Anblick bieten.

Es war ein Wintertag, an dem ich eine schmale Rabatte im Garten eines Freundes zum ersten Mal sah. Die Pflanzen darin waren mit Rauhreif überzogen, und man konnte sie nur als Umrisse wahrnehmen. Ich freute mich darüber, daß keine der Pflanzen abgeschnitten worden war und daß ich statt eines Streifens nackter Erde Hügel von gefiedertem Laub vor mir sah. Da sich die Rabatte oberhalb einer niedrigen Mauer erstreckte, hatte man dichte Kissen Katzenminze an den Rand gepflanzt, deren bereifte Stengel sich nun wie luftiger Schaum über den Mauerrand breiteten. Iris reckte sich stolz empor, und die Nelkenwurz *Geum coccineum (G. borisii)* hatte sich zu einer großen Pflanze entwickelt, deren dunkle, gekräuselte Blätter mit ihren weißen Konturen wunderschön aussahen.

Die strauchartigen Potentilla-Arten sind für eine naturnahe Rabatte sehr zu empfehlen. In der Natur wachsen sie frei und ungezwungen, und pflanzt man sie an einen Mauer-

11

rand, neigen sie sich ganz natürlich darüber. Es gibt viele attraktive Varietäten und mehrere Formen des Strauch-Fingerkrauts, *Potentilla fruticosa*, die für diese Art von Rabatte vorzüglich geeignet sind. *P. f.* ›Farreri‹ wird selten höher als 60 cm und hat leuchtend goldgelbe Blüten. Sie blüht sehr ausdauernd und bietet selbst ohne Blüten einen erfreulichen Anblick. *P. f.* var. *mandshurica*, ein niedriger Strauch, der sich in ähnlicher Weise ausbreitet, blüht ebenfalls mehrere Monate lang. Seine weißen Blüten erscheinen über grauen Laubmatten, die wegen der purpurfarbenen Stengel dunkler wirken, als sie tatsächlich sind. *Potentilla fruticosa* ›Elizabeth‹, eine Kreuzung zwischen *P. f.* var. *arbuscula* und *P. f.* var. *mandshurica*, trägt etwas blassere Blüten als *P. f.* ›Farreri‹. Dieser leicht zottig wirkende Busch wird im Vergleich zu den vorher genannten Formen größer, ist aber ebenso blühwillig.

Für eine große Rabatte ist die anmutige *Kolkwitzia amabilis* ein idealer Strauch. Mit niedrigem Storchschnabel scheint sie sich besonders gut zu vertragen, und ich mag es, wenn ein dichtes Gewirr von *Geranium nodosum* oder *G. endressii* ›Wargrave‹ zu ihren Füßen wächst. Ihre gebogenen Zweige sind mit und ohne Blätter hübsch anzuschauen. Die Rabatte, die ich an jenem Wintertag sah, leuchtete vor Bergenien, deren glänzende Blätter in Karmin und Orange vor den bereiften Pflanzen gut zur Geltung kamen. Im Frühjahr und Sommer sorgen Zwiebelpflanzen für zusätzlichen Reiz. Narzissen und Tulpen sind im Frühling schön, und obgleich die wilde Gladiole *Gladiolus communis* ssp. *byzantinus* mit ihren vielen Samen zu einer Plage werden kann, bieten Gruppen zusammen mit einer Kolkwitzie oder mit weißblühendem Strauch-Fingerkraut ein sehr befriedigendes Bild. Ich ziehe die hohe Gladiole *G. purpureoauratus*, die im Herbst bis hinein in den November blüht. Sie wird höher als *G. c.* ssp. *byzantinus*, und ihre zarten graumalvenfarbenen Blüten passen zu allen Pflanzen. Obwohl sie in der näheren und weiteren Umgebung Londons recht winterhart ist, kann sie im Blühen sehr zurückhaltend sein.

Ich erinnere mich an ein Jahr, als sie sich ganz in sich zurückgezogen hatte und sich weigerte zu blühen. Ich suchte den kleinen Garten einer Freundin auf, um nachzuschauen, wie sich die Gladiolen dort entwickelt hatten. Und obwohl ich meiner Freundin die Pflanzen erst kurz zuvor geschenkt hatte, standen sie dort in voller Blüte, als sei dies schon immer ihr Platz gewesen. Sie wuchsen bei ihr im Schatten, daher vermutete ich, sie könnten vielleicht einen schattigen Standort bevorzugen. Ein paar Pflanzen, die ich dann an ein leicht schattiges Plätzchen unter einen Apfelbaum setzte, blühen jetzt wunderbar, und andere unter einer Weide stehen ihnen nicht nach. Deshalb scheint mir das schattige Ende der Rabatte der beste Platz für sie zu sein.

Sträucher in Verbindung mit Heiden wirken sehr natürlich. Eine solche Rabatte habe ich in einem Garten in Sevenoaks bewundert. Die unteren Zweige einer großen Ölweide *Elaeagnus pungens* ›Aurea‹ strichen über Gruppen von *Erica carnea (E. herbacea)* in den verschiedensten Farbtönen, und ein Perückenstrauch *(Cotinus coggygria)* daneben wirkte zart und duftig im Vergleich mit den schönen glänzenden Blättern der Ölweide. Im Frühjahr blühen dort noch dunkelblaue Blausterne (Scilla). Auch die Hundskamille *Anthemis cupaniana,* die gut zum Perückenstrauch paßt, hätte man in diese harmonische Bepflanzung einfügen können. Ihre silbernen Laubmatten sind über lange Zeit mit weißen Asternblütchen bedeckt.

Nieswurzarten sind besonders wertvoll im Winter; vor allem die Korsische Nieswurz, *Helleborus corsicus (H. lividus* ssp. *corsicus),* bietet das ganze Jahr über einen reizvollen Anblick und sollte daher gut sichtbar gepflanzt werden. Ich kenne ein Beet neben einem überdachten Eingang, in dem Korsische Nieswurz einen sinnvollen und natürlich wirkenden Platz erhalten hatte. Gegen die weiße Hauswand hob sich ein hohes Exemplar eines goldenen Ligusters *(Ligustrum ovalifolium* ›Aureum‹) ab, und den leeren Raum zu seinen Füßen füllte ein großer Horst von *Helleborus corsicus (H. lividus* ssp. *corsicus).* Beide Seiten des Beets waren von breiten Fächern der Zwergmispel *Cotoneaster horizontalis* geschmückt. Ich sah diese Bepflanzung im September, als noch hohe weiße Anemonen das harmonische Bild abrundeten. Anemonen sind freundliche, problemlose Pflanzen, die wenig Pflege benötigen. Da sie aber gern Ausläufer bilden, sollte man sie nur dorthin pflanzen, wo sie kein Unheil anrichten können. Die weißen Formen der Türkenbundlilie, *Lilium martagon,* der Königslilie, *Lilium regale,* oder des Salomonssiegels *Polygonatum multiflorum* würden sich vorzüglich als Sommerschmuck eignen, während im Frühjahr die hohen, überhängenden Stiele der Knotenblume *Leucojum aestivum* ›Gravetye Variety‹ einen schönen Hintergrund für die Nieswurz abgeben könnten.

Eine nach Norden ausgerichtete Rabatte in einem Garten in Wiltshire bot mit ihren winterharten Fuchsien, die mit verschiedenen Hortensien gemischt waren, vor allem im Herbst einen prächtigen Anblick. Panaschierte Formen von Fuchsien und Hortensien wirkten dazwischen belebend, und Japanische Anemonen in Weiß sowie Blaß- und Dunkelrosa waren eine reizvolle Zugabe. Im Frühjahr sorgte eine ansehnliche Auswahl an Tulpen für die nötige Farbe, und es machte wirklich nur wenig Mühe, das Beet schön zu erhalten.

Schon zu Beginn habe ich die Heiden erwähnt, und jetzt komme ich darauf zurück, da sie selbst auf sich aufzupassen scheinen und sich in jedes Bild einfügen. In einem Garten sah ich ein Beet voller Azaleen, zwischen denen sich Kaiserkronen *(Fritillaria imperialis)* emporreckten, teppichartig mit Heidearten und dem kleinen purpurblättrigen Labradorveilchen, *Viola labradorica,* unterpflanzt. Heiden passen auch gut zu Koniferen, und immer wieder bewundere ich im Garten eines Freundes in Lancashire ein Beet, das mit verschiedenen Sorten der Weiß-Birke als Hintergrund für Heiden und Koniferen bepflanzt ist. *Erica carnea* ›Springwood‹ (*E. herbacea* ›Springwood‹) paßt gut zu dem Lebensbaum *Thuja occidentalis* ›Rheingold‹, zu wilden Primeln oder den kleinen blaßgelben Gartenprimeln *Primula × polyantha*

›Lady Greer‹, die sich daneben behaglich niedergelassen haben. In dem sauren Boden seines Gartens zieht mein Freund auch die schöne Besenheide *Calluna vulgaris* ›Mrs Pat‹, die ein so wunderbares Laub hat, daß man auf Blüten verzichten könnte. Wenn ich es mir genau überlege, habe ich auch niemals Blüten an ihr bemerkt. Ich ziehe diese bezaubernde Pflanze in einem Beet aus Grünsand, und ich liebe ihre silbern panaschierten Blätter und die leuchtend rosafarbenen Spitzen ihrer neuen Triebe. Sie läßt sich wunderbar mit den blauen Lungenkräutern *Pulmonaria angustifolia* ›Azurea‹ oder *P. a.* ›Munstead Blue‹ kombinieren. Auch die rosa Erika ›Springwood‹ wirkt neben blauen Lungenkräutern gut. Sie ist lockerer im Wuchs als *Calluna vulgaris* ›Mrs Pat‹ und verwandelt das Beet in ein hübsches Gewirr aus den blaßrosa Blüten und zarten Blättern der Heide sowie dem dunkelgrünen Laub mit den strahlendblauen Blüten des Lungenkrauts. Im gleichen Garten habe ich mich wiederholt an der hohen Heide *Erica × darleyensis* erfreut, die in der Kombination mit *Rhododendron × praecox* wunderschön anzusehen ist. Diese Heide – sie verträgt notfalls auch Kalk – hat dunkelrosa Blüten, die des Rhododendron schimmern lavendel-rosa. Große Gruppen zartblauer Scilla runden das harmonische Bild ab.

Manche natürliche Bepflanzung, die durch bloßen Zufall entsteht, scheint gelungener zu sein, als wenn wir uns endlose Mühe gegeben hätten, eine naturnahe Wirkung zu erzielen. Die Pflanzungen der Natur gelingen häufig besser als unsere eigenen. In meinem Graben-Garten hat sich unter einer Weide ein Exemplar des Storchschnabels *Geranium psilostemon* selbst ausgesät. Ich habe diesen Storchschnabel immer in voller Sonne gezogen, aber seine magentaroten Blüten leuchten intensiver im Schatten. Daneben auf der Böschung hat sich ein anderer Storchschnabel, ›Clarice Druce‹, ausgesät. Mit seinen üppigen dunklen Laubmassen verbirgt er meisterlich die unten oft kahlen Stengel des *G. psilostemon.* ›Clarice Druce‹ – meines Erachtens eine Kreuzung zwischen *G. endressii* und *G. striatum (G. versico-*

lor) – hat große rosafarbene Blüten, die wie bei *G. striatum* fein geädert sind. Auf der anderen Seite des *G. psilostemon* hat sich freundlicherweise das Fingerkraut *Potentilla nepalensis* ›Miss Willmott‹ ausgesät. Seine leuchtendrosa Blüten, die die langen Stiele bedecken, bringen eine weitere Nuance ins rosa Farbspiel. ›Miss Willmott‹ ist unter den verschiedenen Sorten des Fingerkrauts *P. nepalensis* mein Favorit, nicht nur weil es sich selbst so überreich aussät und bis zum November blüht, sondern auch wegen der Farbe seiner Blüten. In manchen Gärtnereien wird diese Farbe als Karminrot, in anderen als Kirschrot beschrieben, doch keine der beiden Bezeichnungen scheint mir passend. In Amerika soll sie, wie ich höre, ›russisches‹ Rosa genannt werden, aber niemand in England kann sich darunter etwas vorstellen. Ich habe eine orientalische Badezimmermatte in genau diesem Farbton, vermischt mit Scharlachrot, Schwarz und Blaßgelb. Als ich nach passenden Handtüchern suchte, kam das ›Altrosa‹ auf der Farbtafel der von mir gewünschten Farbe am nächsten. Vielleicht ist das die korrekte Beschreibung. Wie nun die Farbe auch immer bezeichnet wird, es ist ein warmes Dunkelrosa, und die Blüten haben einen karminroten Fleck auf jedem Blütenblatt und braune Staubbeutel.

Man sieht nur selten die blaublühende krautige *Clematis heracleifolia* zusammen mit anderen Pflanzen, obwohl sie sich auf höchst natürliche Weise mit ihrer Umgebung verbindet. Diese Pflanze sollte nur locker an Stützstäben befestigt werden, denn ich finde, sie wirkt besonders schön, wenn sie sich mit ihren Nachbarn vermischen kann. Ich ziehe einen großen Horst in einem Beet unter einer blaugrünen Atlaszeder, und in demselben Beet wachsen weißblühender Schneefelberich *(Lysimachia clethroides)* und blaßrosa Anemonen *(A. hupehensis)*, die ich als Spezies und nicht als Hybride geschenkt bekam. Diese drei Pflanzen blühen gleichzeitig im Frühherbst. Die Anemone vermehrt sich leicht durch Ausläufer im Gegensatz zum Schneefelberich, dessen Wurzeln die Form langer unterirdischer Stiele annehmen, die sich von der Wurzelkrone aus in alle Richtungen ausbreiten. Auch die Clematis bildet keine Ausläufer, aber ihre langen Stiele gesellen sich gern zu ihren Nachbarn und verbünden sich mit ihnen auf sympathische Weise. Das Laub des Schneefelberichs nimmt eine wunderbare Herbstfarbe an, während sich die Blätter der Clematis golden färben, bevor sie vergehen. Nur das Laub der Anemone behält sein kräftiges dunkles Grün.

In demselben Gartenteil bildet ein dichtes Pflanzengewirr eine kompakte Laub- und Blütendecke. Ich habe die rosafarbene *Pimpinella major* ›Rosea‹ gepflanzt, die sich hier und dort selbst ausgesät hat. Im Vergleich zu der Bibernelle, die wir am Wegrand finden, bildet sie einen viel dichteren Horst aus dunklem, farnartigem Laub, und ihre 60 cm langen Stiele wachsen weniger aufrecht. Ihre Blütenfarbe ist eigentlich ein ziemlich schmutziges Rosa, obgleich sie in Katalogen als »warmes« Rosa beschrieben wird. Für ein echtes Rosa enthält es zuviel Blau, und wenn ich auch nicht von dieser Pflanze schwärme – wie es ein Freund aus Plymouth einmal getan hat –, so mag ich doch ihr altmodisches Aussehen und finde, daß sie zusammen mit der Glockenblume *Campanula alliariifolia* ›Burghaltii‹, die sich mit großen hängenden schieferblauen Glockenblüten schmückt, eine geglückte Gemeinschaft bildet. Die Natur war dabei behilflich, die Glockenblume *Campanula lactiflora* in verschiedenen Blautönen und die Jakobsleiter *Polemonium caeruleum* hier anzusiedeln; die Blüten letzterer scheinen mir aber für die Bibernelle doch zu intensiv blau. Wenn ich hier eine Jakobsleiter hätte auswählen sollen, so hätte ich mich eher für das blaßblaue *P. boreale* oder das inkarnatfarbene *P. carneum* entschieden, das lockerer im Wuchs ist und dessen Blütenfarbe angenehm variiert. Zu den wertvollsten Pflanzen im Herbst zählt der Knöterich *Polygonum campanulatum*. Im Gegensatz zu den anderen Knötericharten bildet er keine Ausläufer, und er breitet einen dichten Teppich aus schönem Laub über den Boden. Seine winzigen rosafarbenen Blüten, die wochenlang an 60 cm langen Stielen erscheinen, vermischen sich gut mit Gräsern, Lilien oder anderen Blüten.

Eine Kombination aus Weiß- und Gelbtönen ist nur schwer zu überbieten. Die weiße Schafgarbe *Achillea decolorans* ›W. B. Child‹ zusammen mit der gelben *A.* ›Moonshine‹ und dem Frauenmantel *Alchemilla mollis* im Vordergrund bilden fast den ganzen Sommer über eine zufriedene Gemeinschaft, die ganz für sich selbst sorgt. Die weiße Schafgarbe mit ihren lockeren Blütenköpfen ist viel schöner als die wuchernde Sumpfgarbe *Achillea ptarmica*. Statt weißer Knöpfe trägt sie kleine ›Gänseblümchen‹ mit weißer Mitte, und ihr Laub ist eher farnartig. Die silberblättrige *A.* ›Moonshine‹ blüht ununterbrochen, und auch der gelbgrün blühende Frauenmantel ist unermüdlich.

In einem weiten schattigen Beet schließen sich große Exemplare der Korsischen Nieswurz, *Helleborus corsicus (H. lividus* ssp. *corsicus)*, mit anderen Pflanzen gleicher Statur zusammen. In einem Dreiecksbeet zwischen einer West- und einer Nordmauer haben sich meine Korsischen Nieswurzen so gut entwickelt, daß sie genauso groß geworden sind wie die großen Exemplare der Wolfsmilch *Euphorbia mellifera* und *E. wulfenii (E. characias* ssp. *wulfenii)*, die ebenfalls dort stehen. Diese Ecke ist mit den grünen Helleborus-Blüten und dem apfelgrünen und blaugrünen Laub der Euphorbien im Winter auffallend grün. Die gelben Blüten eines goldfarben panaschierten Winterjasmins, *Jasminum nudiflorum,* der die Mauer hinter dem Beet schmückt, beleben die Szene. Im April bildet die Zwergmandel *Prunus tenella* ›Fire Hill‹ ein Dickicht aus dünnen Zweigen voller intensiv rosa Blüten. Ein bißchen später sorgen die purpurrosa Blüten des Indigostrauchs *Indigofera gerardiana* für Farbe, und im Herbst füllt ein großer Horst von *Curtonus paniculatus* den Hintergrund mit seinen dunklen bronze-orange Blüten. Das Laub behält seinen Goldton, den es nach der Blüte annimmt, viele Wochen lang.

2. KAPITEL

Die Alterslosen

Die ideale Rabatte in einem pflegeleichten Garten sollte aus Pflanzen bestehen, die für sich selbst sorgen. Ich meine damit Pflanzen, die nicht geteilt werden wollen, weil sie sich nicht schnell vermehren. Das einzige, was sie wirklich verlangen, ist ungestörte Ruhe. Das Abstützen und Aufbinden kann auf ein Minimum reduziert werden, wenn man ihnen höhere und kräftigere Gefährten zugesellt, die sie mit ihren schützenden Armen und ihren kräftigen, Halt spendenden Stielen auffangen.

Die Schaftdolde *Hacquetia epipactis* läßt sich gut und ziemlich zuverlässig in eine Rabatte pflanzen, in der sie vor Störungen sicher ist. Ich würde sie ungern zwischen Herbstastern, Goldruten oder frühe Gemswurz setzen, die sich alle so schnell ausbreiten. Zur Sicherheit bringe ich sie immer am Fuß einer niedrigen, Schutz und Schatten spendenden Mauer unter, wo sie im Winter unbesorgt schlafen kann. Man muß nicht beunruhigt sein, wenn sich direkt über dem Boden ihre grün-goldenen Blüten geöffnet haben, die sich wie irrtümlich verstreute kleine leuchtende Blütenköpfe ausnehmen. Erst danach erscheinen die Blätter und Blütenstiele, die eine Länge von 15 bis 20 cm erreichen. Diese dicken Bündel aus kleeblattartig angeordneten Blättern und augenlosen grünen Kelchen bilden einen reizvollen Hintergrund für Sommerblumen. Nach der Blüte und möglichst während einer

Feuchtwetterperiode läßt sich die Schaftdolde recht gut teilen.

Ein anderer Frühjahrsbote in meinem Garten ist das Blauglöckchen *Mertensia virginica*, das mit dem Lungenkraut verwandt ist. Da es sich bald nach der Blüte vollständig zurückzieht, muß es von ganz kräftigen Wurzeln, robusten Stielen und derbem Laub geschützt werden. Ich ziehe meine Blauglöckchen zusammen mit rosa Bibernelle (Wiesenkerbel), einer sehr ›gewöhnlichen‹, aber schönen Pflanze voller Selbstvertrauen, die durch ihre Natürlichkeit besticht. Die blaugrünen Blätter der Mertensia schimmern im Austrieb metallisch blau, und die porzellanblauen Blüten entfalten sich wie Farnwedel. Auch das leuchtendgrüne fein eingeschnittene Laub der Bibernelle erinnert an zarte Farnwedel; ihre rosa Blüten sind recht intensiv, aber nicht grell in der Farbe. Die beiden Pflanzen bilden eine schöne Gemeinschaft, wobei die Bibernelle nach dem Blauglöckchen blüht.

Die seltene Platterbse *Lathyrus vernus*, eine frühblühende kleine Pflanze, die sich leicht ziehen läßt und nicht wuchert, eignet sich gut für die Vorderfront der Rabatte. Zu Beginn des Frühjahrs sind ihre runden Horste aus winzigen Blättern vollständig mit Blüten bedeckt. Am liebsten mag ich *L. v.* ›Alboroseus‹ mit ihren erbsenähnlichen Blüten, die weiß-rosa schattiert sind. Die gewöhnliche Spezies, die mehr Ähnlichkeit mit einer Wicke hat, trägt dunkelviolett-blaue Blüten, die wie die rosa-weiße Form ebenfalls schattiert sind. Neben diesen zweifarbigen Sorten gibt es noch eine reinweiße Form und eine leuchtendblaue Spezies, genannt *Lathyrus cyaneus*. Diese Pflanzen sind von schönem Wuchs, und sie scheinen ohne meine Hilfe mit ihren welken Blüten fertig zu werden. Das einzige, was sie von mir bekommen, ist meine Bewunderung.

Eine andere liebreizende Frühjahrsblume, die nicht gestört werden will, ist das Tränende Herz, *Dicentra spectabilis*. Mit seinen schönen eingeschnittenen blaugrünen Blättern und seinen rosafarbenen Medaillons, die an durchscheinenden Stielen baumeln, sieht es entzückend aus. Obgleich seine Wurzeln so brüchig sind wie Glas und es sehr vorsichtig behandelt werden muß, ist es im Grunde recht widerstandsfähig. Es bevorzugt lichten Schatten, und ich pflanze es zusammen mit Salomonssiegel. Das Tränende Herz gedeiht gut im Schutz einer Mauer, und das Salomonssiegel *Polygonatum multiflorum* beugt seine Stiele von der Mauer aus dem Betrachter elegant entgegen.

Die niedrigen Dicentra-Arten finden leichter Anklang. Sie breiten sich gut aus und vermehren sich zufriedenstellend. Wie das Tränende Herz bevorzugen sie leicht schattige Standorte, blühen aber noch ausdauernder. Die weiße oder rosafarbene Herzblume *Dicentra eximia* kommt ohne Stütze aus, da sie in der Regel nicht höher als 30 cm wird. Die etwas höhere *D. formosa* ›Bountiful‹ treibt größere Blüten in einem dunkleren Rosa. Auch sie blüht noch einmal im Herbst.

Ich hätte gezögert, das Ahornblatt *Aceriphyllum rossii* zu erwähnen, wenn ich es nicht im Katalog einer bekannten Gärtnerei für Steingartenpflanzen entdeckt hätte. Ich muß gleich betonen, daß es sich dabei um eine völlig unspektakuläre Pflanze handelt. Sie gehört zu den unauffälligen, aber interessanten Pflanzen, die wir gern vergessen, bis wir sie hoch gelobt in einem Katalog oder einem Zeitungsartikel wiederfinden. Dann erst wird uns bewußt, wie undankbar wir waren, wenn wir sie unseren Freunden nur so lange vorgeführt haben, bis sich etwas Aufregenderes in unserem Garten zeigte.

Mein armes Ahornblatt verkümmert am Fuße einer Sonnenuhr, da es auf der einen Seite von einem Seidelbast *(Daphne mezereum)* und auf der anderen von einem bezaubernden Wacholder mit weißen Spitzen (*Juniperus chinensis* ›Expansa Variegata‹) nahezu erdrückt wird. Darüber erdrosselt ein sehr gesunder kleinblättriger Efeu (*Hedera helix* ›Sagittifolia‹) alles, was ihm in den Weg kommt, und auch ein goldener Salbei, der über die Jahre an Gewicht zugenommen hat, ist nicht unschuldig, wenn das arme Ahornblatt zu ersticken droht. Dennoch überlebt es immer wieder, und das schon seit über 20 Jahren. Diese alpine, aus Korea stammende Pflanze soll in den Diamond Mountains häufig vorkommen. Mit seinen dunklen, spitzen, ahornähnlichen Blättern und seinen flachen, cremefarbenen Blütenköpfen, die an kräftigen Stielen sitzen, gehört das Ahornblatt zur Familie der Saxifragaceen. Seine schweren, holzigen Rhizome wachsen langsam, und wenn es sich zu einer kräftigen Pflanze entwickelt hat, kann es geteilt werden, um eine neue Pflanze zu gewinnen. Während ich das schreibe, habe ich beschlossen, Teile von meinem Ahornblatt abzutrennen und neue Pflanzen dort zu ziehen, wo sie gesehen und bewundert werden können. Hoffentlich komme ich dazu, bevor andere Pflanzen zu blühen beginnen, die der Pflege bedürfen. Es gibt Tätigkeiten, bei denen Arbeiten, die nicht zeitgerecht erledigt wurden, nachgeholt werden können. Beim Gärtnern ist das aber nicht der Fall. In aller Regel können die Arbeiten nur zu einem bestimmten Zeitpunkt durchgeführt werden, und wenn die Zeit nicht für alle notwendigen Arbeiten ausreicht, muß man bis zur gleichen Zeit im nächsten Jahr warten.

Etwa Anfang Mai bemerkt man, daß der Diptam *(Dictamnus albus)* kräftig wächst und sich auf seine Blüte im Juni und Juli vorbereitet. Er wächst verhältnismäßig langsam, und es dauert mehrere Jahre, bis er sich zu einem ansehnlichen Horst entwickelt hat. Er gehört keinesfalls zu den Pflanzen, von denen man ohne weiteres Teile für seine Freunde abtrennen kann. Man kann den Diptam durch Samen oder durch Teilung seiner fleischigen Wurzeln im Frühjahr vermehren. Aus den Wurzelstecklingen lassen sich Pflanzen natürlich schneller ziehen als aus Samen. Da die Pflanze aber dieses Verfahren als Störung empfindet, kann es passieren, daß sie im gleichen Jahr überhaupt nicht blüht. Weil ich mir niemanden vorstellen kann, der genug Diptampflanzen hat, um sie auf diese Art und Weise vermehren zu können, würde ich meine Pflanzen immer in einer Gärtnerei kaufen. Dictamnus eignet sich sehr gut für eine Rabatte, denn er wächst aufrecht und ist so kräftig, daß er nicht abgestützt werden muß. Mit seinem frühen Laub, den reizvollen Knospen und nicht zuletzt wegen der hübschen Samenkapseln, die nach der Blüte beinahe wie Knospen aussehen, ist er von Mitte April bis November eine wertvolle Pflanze. Ich habe es noch nie übers Herz bringen können, seine schönen Blütentrauben abzuschneiden, wenn ich mir auch immer wieder denke, wie gut sie in einem Gesteck aus getrockneten Blumen aussehen müßten.

Dictamnus albus ist eine elegante weißblühende Art, und *D. a.* ›Purpurea‹ ist eine rosablühende Sorte mit dunkleren Streifen. In beiden Fällen fallen die langen Staubfäden ins Auge. Geteilte Blätter, die einen zarten Duft ausströmen, machen diesen Diptam zu einer schönen und befriedigenden Pflanze. Ob sein Name »Burning Bush« tatsächlich gerechtfertigt ist, kann ich nicht beurteilen, da ich niemals den Mut aufgebracht habe, das brennbare Öl zu entzünden, das die Drüsen an den Blütenstielen ausschwitzen. Damit das Experiment gelingt, sollte man es an einem heißen, windstillen Abend versuchen.

Wenn auch nicht so kräftig oder als Horst so kompakt, die Rasselblume Catananche ist eine langsam wachsende Pflanze, um die man sich nicht mehr zu kümmern braucht, sobald sie sich einmal etabliert hat. Ihre Blätter sind schmal, und ihre Blüten erscheinen an 75 cm hohen, schlanken Stielen. Für mich beruht der Charme dieser Pflanze vorwiegend auf den sich überlappenden silbernen Brakteen, die den Blütenkelch einschließen. Bevor sich die Blüten öffnen, wiegen sich ihre silbernen Knospen im Wind. Dann entfalten sich ausdrucksvolle mattblaue Blütenblätter mit dunkleren Markierungen. Daneben gibt es eine weißblühende, ebenfalls sehr reizvolle Form.

Auch eine andere Pflanze mit papierenen Brakteen eignet sich gut für eine pflegeleichte Rabatte, da sie sich langsam vermehrt und viel Ruhe braucht. Ich meine die Flockenblume *Centaurea macrocephala,* die in einem guten Boden eine Höhe von 1,50 m erreicht, bei mir aber niedriger bleibt. Ihre recht blaßgrünen Blätter sind lang und haarig, aber ihre Blütenknospen wecken unser Interesse – und die Begehrlichkeit der Blumenbinder! Jede große, runde Knospe ist mit sich überlappenden, gekräuselten, bronzefarbenen Brakteen bedeckt. Als ich einmal einer Gruppe von Besuchern die Pflanze zeigte und ihnen gestand, die Bedeutung des Wortes ›macrocephala‹ nicht zu kennen, gab mir ein Schulmädchen die passende Erklärung. Natürlich bedeutet es ›großköpfig‹. Wenn sich später die gelben Blüten aus den bewundernswerten Knospen öffnen, empfinde ich sie immer ein wenig als Enttäuschung.

Die meisten Glockenblumen vermehren sich ziemlich schnell oder säen sich selbst sehr viel üppiger aus, als man wünschen würde. Nicht aber die Glockenblume *Campanula latifolia* mit ihren großen hängenden Blütenglocken, die so schön geformt sind. Die dunkelblaue Sorte *C. l.* ›Brantwood‹, die reich und prächtig blüht, ist mehr violett-purpurfarben als blau, aber die mir liebste Sorte, die Miss Willmott zugeschrieben wird, hat reinweiße Blüten.

Natürlich werden die Sedum-Arten wegen ihrer Herbstblüten gezogen, aber ihr immergrünes Laub ist das ganze Jahr über wertvoll. Wenn Anfang Mai der Garten zu neuem Leben erwacht, treten die verschiedenen Farbtöne des Sedum-Laubs deutlich zutage. *Sedum spectabile* ›Ruby Glow‹ hat purpur angehauchte Blätter, und die zarten cremigen und blaßgrünen Laubschattierungen des *S. s.* ›Variegatum‹ kommen an einem dunkleren Platz am besten zur Geltung. Man muß aber immer mit Blättern rechnen, die wieder in ihren Grünton zurückfallen. Das Blaugrau jeder Fetthenne – im Falle von *Sedum maximum* ›Atropurpureum‹ (*S. telephium* ssp. *maximum* ›Atropurpureum‹) ein pflaumenfarbenes Grau – bildet einen schönen Hintergrund für jede leuchtende Farbe. *S. telephium* ›Roseum‹ sollte früh im Jahr, bevor es seinen zartrosa Farbton verliert oder zwischen üppigeren Pflanzen untergeht, gebührend zur Schau gestellt werden. Seine frühen Triebe, die an den Rändern zierlich gewellt sind, wirken wie aus Wachs geformt.

Ich finde, es kann ebensoviel Freude bereiten, die verschiedenen Pflanzen aus dem Boden sprießen wie sie tatsächlich blühen zu sehen. Die winterharten Knabenkräuter, die man zwischen andere Pflanzen setzt, stoßen alle im April geschäftig aus der Erde, und jedes Jahr mache ich mir Gedanken, ob sie wohl blühen werden oder nicht. Das frühblühende purpurfarbene Knabenkraut *Orchis mascula* tut es immer, und auch *O. elata (Dactylorhiza elata)* beschenkt mich zuverlässig mit Blüten (sofern ich mich noch an den Platz, an den ich sie zuletzt gepflanzt habe, erinnern kann). Vor Jahren wollte ich dieses Knabenkraut unbedingt haben, konnte es aber im Handel nicht bekommen. Nachdem ich jeden, der mir vielleicht hätte helfen können, damit belästigt hatte, riet man mir schließlich, David Shackleton in Irland zu schreiben. Ich kannte ihn damals noch nicht persönlich, und ich werde rot, wenn ich daran denke, daß ich mich so unhöflich einfach an ihn gewandt habe. Er hat es mir aber nicht übelgenommen und mir großzügig eine seiner wertvollen Pflanzen ausgegraben.

Ich bin mir bis heute nicht darüber im klaren, wohin man dieses Knabenkraut pflanzen soll. Falls es einem gewogen ist, vermehrt es sich überall. In David Shackletons Garten wuchs es in einem gewöhnlichen Beet, als ich es zu Gesicht bekam, und bei Mrs. Anley gedeiht es prächtig in leichtem Schatten. Ich habe es in einem Torfgarten, in einem Grünsandbeet unter einer Nordmauer und in nach Osten ausgerichteten Beeten versucht. An keinem dieser Standorte hat es sich wirklich gut entwickelt, aber vielleicht hat es noch keine rechte Chance gehabt.

Meinen ersten Rückschlag erlitt ich während eines Besuches bei dem verstorbenen S. H. Walpole in Mount Usher. Ich hatte immer von der Herrlichkeit des Madeira-Knabenkrauts, *Orchis maderensis (O. foliosa),* gehört, das entlang einem der Wasserläufe in seinem Garten wuchs, und als er mich freundlich fragte, ob es irgend etwas gäbe, das ich gern von ihm hätte, bat ich ihn um dieses Knabenkraut. Natürlich mußte ich seine Gefälligkeit erwidern, und auf meine Bitte hin, ihm auch etwas verehren zu dürfen, erbat er sich von mir das Knabenkraut *Orchis elata (Dactylorhiza elata).* Also mußte ich das einzige Exemplar, das ich besaß, ausgraben und das junge Gemüse vorsichtig teilen und neu einpflanzen. Als Antwort auf seine Freigebigkeit verehrte ich ihm die größte Knolle, die ich besaß. Diese Knabenkräuter lassen sich übrigens, wenn sie sich gut entwickelt haben, problemlos teilen, da die neuen Pflanzen von der alten ziemlich getrennt sind. Man muß also nur den Horst ausgraben und die brüchigen, verschlungenen Wurzeln voneinander trennen. Ich bin sicher, daß die guten Züchter auch so vorgehen und daß deshalb die Jungpflanzen ausnahmslos an anderen Standorten als bei ihrer Mutterpflanze erscheinen. Vermutlich sind auch die Züchter auf der Suche nach dem idealen Platz.

Das Knabenkraut, das ich als ›Mr Bowles' Red‹ geschenkt bekommen habe, sieht wie eine gewöhnliche O. *mascula* aus. Eine liebenswürdige irische Freundin hat mir ein kleines karminrotes Knabenkraut aus ihrem Garten ausgegraben, und obgleich es bei mir in einem Grünsandbeet überlebt, will es sich nicht vermehren und blüht nur recht spärlich.

Die anderen Orchideen kommen und gehen. Viele Male habe ich mir den Marienfrauenschuh, *Cypripedium calceolus,* gekauft, aber er blüht nur mäßig. Um ehrlich zu sein, finde ich seine Blüten auch nicht besonders reizvoll, und wenn man ihn leicht ziehen könnte, würde man sich nicht um ihn kümmern. Aber kein Gärtner kann einer Herausforderung widerstehen. Die Echte Sumpfwurz, *Epipactis palustris,* gedeiht wirklich gut und breitet sich so aus, wie ich es mir von den anderen Orchideenarten gewünscht hätte.

Das ansehnliche gerippte Laub der Veratrum-Arten ist am schönsten, bevor die Blüten erscheinen. Das hängt natürlich nicht mit den Blüten, sondern mit der Jahreszeit zusammen. Da Schnecken diese Blätter besonders lieben, kann man sich nur zu Anfang, wenn sie sich entfalten, uneingeschränkt an ihnen erfreuen, denn sie sind sehr bald zerfressen und werden braun.

Dennoch gibt es unter allen pflegeleichten Pflanzen keine besseren als die Veratrum-Arten, wenn sie auch lange Zeit brauchen, bis sie sich voll entwickelt haben. Ich habe mich oft gefragt, ob der herrliche Horst von *Veratrum nigrum* im Garten in Tintinhull aus dem Jahre 1900 stammt, als die Anlage neu bepflanzt wurde. Der Horst in Newby Hall in der Nähe von Ripon ist sogar noch größer, und er gehört zu den fesselndsten Anblicken in diesem aufregenden Garten. Bewundernd betrachtet man aus der Ferne die aufragenden Rispen aus schwarzen, samtigen Blüten. Es lohnt sich aber auch, sie aus der Nähe anzuschauen, denn jede kleine Blüte ist ein Wunder höchster Kunstfertigkeit. Der Weiße Germer, *V. album,* dessen zarte Äderung und sanfte Farbgebung noch zur Schönheit seiner Gestalt beitragen, bringt Blüten in einem grünlich getönten Weiß hervor. Jahrelang dachte ich, es sei der Grüne Germer, da er fälschlicherweise als *V. viride* ausgezeichnet war; insgesamt wirkt er graugrün. Nach 10 bis 15 Jahren endlich geruhte die grüne Form zu blühen, und ihre Farbe war unverkennbar – ein leuchtendes Smaragdgrün, so leuchtend wie frisches Gras.

Perovskia atriplicifolia, ganz anders in der Farbgebung und im äußeren Erscheinungsbild, hat im Gegensatz zu dem aufrecht wachsenden, kompakten Veratrum einen eleganten, überhängenden Wuchs. Sie wächst aber fast genauso langsam wie der Germer, und wenn man sie einmal gepflanzt hat, sollte man sie in Ruhe lassen. Es gibt zwei Formen – eine gewöhnliche mit schlichten und eine bessere mit grob gesägten Blättern. Jetzt warte ich seit rund 20 Jahren darauf, daß sich die gewöhnliche Form zu einem ansehnlichen Horst entwickelt, um nun die bessere Form kennenzulernen und von neuem beginnen zu können – aber an einer anderen Stelle.

Gertrude Jekyll hatte – wie gewöhnlich – recht, als sie die Fetthenne *Sedum spectabile* unter Perovskia zog, deren zarte Texturen kompakte Pflanzen als Kontrast benötigen. Seit ihren Tagen gibt es bessere Arten und Sorten, und bei mir wächst jetzt die Züchtung ›Autumn Joy‹ (›Herbstfreude‹) auf der einen und *S. telephium* ›Munstead Red‹ auf der anderen Seite unter meiner Perovskia. Da die Zweige der

Perovskia im Winter weiß werden, schneide ich sie niemals vor dem Frühjahr ab. An dunklen Tagen sind sie wirklich sehr weiß, so weiß, daß eines frühen Morgens Besucher bemerkten, wie schön sie mit ihren bereiften Zweigen aussähe. Ich mußte sehr diplomatisch antworten, denn dieser Morgen war ausgesprochen naß, und an Frost war gar nicht zu denken.

Echter Alant, *Inula helenium,* erfreut einen jedes Jahr von neuem. Er ist reizvoll anzuschauen, wenn seine rückseitig schwarzen Blätter erscheinen, und er sieht voll erblüht sehr schön aus mit seinen großen Blättern und den großen, gelben, margeritenartigen Blüten. Ich muß auch die Indianernesseln erwähnen, die in einem nicht zu trockenen Boden jedes Jahr getreulich wiederkommen, obwohl sie direkt unter der Erdoberfläche wurzeln. Ich halte die Monarde ›Cambridge Scarlet‹ immer noch für die beste Sorte.

Die gewöhnlichen Herbstastern breiten sich so schnell aus, daß man sie in der Rabatte nicht sich selbst überlassen kann. Viele säen sich selbst aus, und wenn man nicht achtgibt, kann man leicht einem Exemplar Gastfreiheit gewähren, das kräftige unterirdische Stiele voller Wurzeln in alle Richtungen ausschickt, die gern in die Wurzeln und Rhizome der Iris hineinwachsen. Es gibt aber auch ein paar Herbstastern, die so langsam wachsen, daß man ihnen sogar in einer auserlesenen Gesellschaft Vertrauen schenken kann. Über die *Aster laterifolius* ›Horizontalis‹ muß ich geradezu wachen, um sicherzugehen, daß sie überhaupt noch da ist, und wenn ich etwas davon abgeben will, habe ich Schwierigkeiten, ein Stück abzutrennen, ohne die Pflanze zu ruinieren. Es lohnt aber die Mühe, denn die winzigen lavendelfarbenen Blüten haben karminrote Mitten und sitzen an den Stielen in einer für Astern ganz untypischen Weise.

Viele Sorten der *Aster amellus* vermehren sich langsam und nehmen niemals überhand. Von Garten zu Garten verhalten sie sich unterschiedlich. Obgleich sich die blaßblaue *A. a.* ›Lac de Genève‹ fast unangenehm schnell vermehrt, wachsen so alte Lieblinge wie *A. a.* ›King George‹ in sattem Blau und *A. a.* ›Sonia‹ in Rosa einfach nur still vor sich hin, und da sie kräftig genug sind, können sie ihre Stellung im Garten behaupten, aber auch nicht mehr. Eine *A. a.* ›Ultramarine‹ hat sich seit Jahren von mir zurückgezogen, und einige andere kommen und gehen. Ich freue mich über eine *A. amellus* ohne Namen, die aus einem alten Garten stammt und vielleicht die Mutter all dieser genannten Sorten ist. Zwei ähnliche Spezies sind bei mir niemals aufdringlich. *A. thomsonii* mit kleinen, ziemlich blassen Blüten macht sich durch ihre Würde und ihr kontrolliertes Verhalten beliebt. Mein Exemplar, das ich schon jahrelang im Garten habe, ist ungefähr 20 cm hoch. Da diese Aster aber in vielen Gärtnereikatalogen mit einer Höhe von 60 cm aufgeführt wird, handelt es sich bei meiner wohl um *A. t.* ›Nana‹.

Der höhere Typ muß wohl zur Züchtung der *Aster × frikartii* verwendet worden sein, einer Hybride zwischen *A. amellus* und *A. thomsonii*. Eine der bekanntesten Sorten ist ›Wunder von Stäfa‹. Sie fällt sehr unterschiedlich aus, und einige von uns sind glücklicher mit ihr als andere. Die schönsten Sorten haben große dunkelblaue Blüten (gleichwohl erscheint mir die Beschreibung »Pfauenblau«, die ich zuweilen lese, nicht gerechtfertigt), und die Mitten sollten orangefarben sein. In Hidcote, einem Garten des National Trust in Gloucestershire, gibt es eine schöne Sorte, und es ist eine Freude, sie in Mengen dort blühen zu sehen. Ich mag es, wenn sie mit dem hohen Bartfaden *Penstemon* ›Pennington Gem‹ mit seinen kleinen blaßrosa Blüten oder sogar mit dem korallenrosa *P. isophyllus* zusammengepflanzt wird.

Eine andere Aster, die mehr als den gewöhnlichen Schutz benötigt, ist die alte *Aster tradescantii*, die im Winter leicht verschwinden kann, wenn es kein kräftiges Exemplar ist. Teils aus diesem Grund schneide ich sie niemals vor dem Frühjahr ab, aber in erster Linie wegen ihrer zarten, überhängenden Stiele, die sogar dann noch schön aussehen, wenn sie braun und trocken geworden sind.

Silberkerzen gedeihen an feuchten, schattigen Plätzen, aber sie fühlen sich meines Erachtens auch in einem gewöhnlichen Blumenbeet wohl, das nicht allzu sonnig und nicht besonders trocken ist. Manche Leute beklagen sich über den etwas unangenehmen Geruch – eine Art heißt auch tatsächlich *Cimicifuga foetida* –, mir ist dieser Geruch aber noch niemals aufgefallen. Zweifellos vertreiben sie manche Insekten, und nicht ohne Grund trägt diese Silberkerze bei uns den Namen »Wanzenkraut« (in England »Bugbane«). Die Wanzen, die sie vertreiben soll, gibt es übrigens in Sibirien. Nichts aber kann den Charakter dieser Pflanzen, ihre Würde und ihre Schönheit, schmälern.

Zu den vielen Vorzügen der Wachsglocke *Kirengeshoma palmata* gehört die Eigenschaft, sich würdevoll und langsam zu vermehren. Alles, was sie braucht, ist Schatten, ein kalkfreier Boden und ausreichende Feuchtigkeit. Darüber hinaus möchte sie nicht gestört werden. Ich werde immer vollständig taub, wenn mich jemand bittet, etwas von meinen Pflanzen abzuteilen. Obwohl sie erst im Herbst blühen, kann man sie von Ende April an mit Freude betrachten. Dann zeigen sich die ersten Triebe über dem Erdboden, und wenn die Zweige allmählich wachsen, sehen sie wie Bambus aus. Sie sind glatt und grün und haben dort, wo die Blätter austreiben, purpurfarbene Markierungen. Die schönen Blätter sind sehr scharf eingeschnitten und in einem ganz zarten Grün gefärbt. Im Herbst erscheinen an den dunklen Stielen kleine, wächserne, zartgelbe Blüten.

Eine der elegantesten Pflanzen, die man haben kann – und manchmal auch eine der mühseligsten –, ist der Trichterschwertel *Dierama pulcherrimum*, der früher *Sparaxis pulcherrima* hieß. In England wird er häufig »Wand-flower« genannt, aber manchmal hört man auch die Bezeichnung »Venus' Fishing Rod« oder »Fairies' Fishing Rod«. Er verträgt es gar nicht, verpflanzt zu werden, und ihn teilen zu wollen, ist vergeudete Zeit. Am sichersten vermehrt man ihn durch Sämlinge, die man in kleinen Töpfen zieht. Er verliert sogar dann noch seine Blätter, wenn er neu eingepflanzt wird, und es dauert ein Jahr, bis sich die Pflanze wieder etabliert hat. Ich frage mich, wie viele Pflanzen man wohl

Kirengeshoma palmata

wieder ausgegraben hat, während der Neuankömmling gerade dabei war, sich im Boden häuslich einzurichten. Er produziert eine Menge Samen, und in manchen Gärten erscheinen viele Sämlinge, leider selten dort, wo sie erwünscht sind. Der Trichterschwertel muß nämlich überlegt plaziert werden. Seine eleganten Stiele, die 1,80 m lang werden können, hängen voller Blüten in Farbschattierungen zwischen Rosa und Weiß. Besonders schön wirkt er ganz oben auf einer Böschung oder über einer Mauer, wo seine eleganten Umrisse voll zur Geltung kommen. Man kann auch jeweils eine Pflanze an die beiden Eckpunkte am Ende eines Weges setzen, so daß sie einen Bogen bilden. Sogar die Knospen sind schön anzuschauen, und wenn sich die äußerst feinen Blüten voll geöffnet haben und sich im Winde wiegen, bietet der Trichterschwertel einen der schönsten Anblicke im Garten.

Eine Gärtnerei in Nordirland, die auf Dierama-Arten spezialisiert ist, hat eine Reihe niedriger Varietäten gezüchtet, die kräftig und widerstandsfähig sind. Sie wurden aus einer niedrigen dunkelkarminrot-rosafarbenen Art aus Südafrika gezogen und aus den besten Sorten der *Dierama pulcherrimum*.

3. KAPITEL

Dauerhafte Bepflanzung

In beinah jedem Garten gibt es Bereiche, die uns keine Mühe machen, denn sie sehen monatelang schön aus, ohne von uns in irgendeiner Weise bearbeitet zu werden.

Es gibt Beete mit krautigen Pflanzen, die in diese Kategorie passen, aber die meisten pflegeleichten Bepflanzungen besitzen ein Grundgerüst aus immergrünen Sträuchern. Es gibt eine Stelle in meinem Garten, an der ich jederzeit vorbeikommen kann, ohne jemals ein schlechtes Gewissen zu bekommen. Nichts verlangt aufgebunden, von verwelkten Blüten befreit oder umgepflanzt zu werden, und mitten im Winter befriedigt mich ihr Anblick genauso wie im Hochsommer.

Im Hintergrund steht ein großer Wacholder (*Juniperus chinensis* ›Pfitzeriana‹), den ich als Sichtschutz gepflanzt habe, als ich einen kleinen Teil des Gartens für den Mieter abtrennen wollte, der in dem möblierten Teil am Ende meines Hauses wohnte. Man riet mir, zur Abschirmung diese Konifere zu pflanzen, die einen ausladenden Busch mit federartigen Zweigen bildet. In den Pflanzenkatalogen wird sie als langsamwüchsig beschrieben, was ich nur bestätigen kann, da sie auch bei mir nach mehr als 20 Jahren noch nicht unangenehm groß geworden ist. Davor steht auf der einen Seite eine große *Mahonia japonica (Berberis japonica)*, die mit den Jahren dicker, aber nicht allzu korpulent geworden ist. Die einzige Pflege, die sie benötigt – und auch bekommt –, ist das Entfernen der alten Blütentriebe, und diese Arbeit erledige ich möglichst schon, bevor sich die schönen blauen Beeren bilden. Wenn ich die Triebe ungefähr 15 cm lang am rauhen Teil des Zweigs zurückschneide, bilden sich zwei neue Triebe, wo vorher nur einer war, und auf diese Weise wird der Busch breiter und kompakter. Da die Mahonie nicht in die Höhe wächst, hält der Wacholder, der etwas höher ist, mit ihr Schritt. Auf der anderen Seite der Konifere steht ein Seidelbast *(Daphne retusa),* der im Mai und Juni blüht, wenn die Mahonie ihre lange Blütezeit beendet hat. Daneben wachsen krautige Pflanzen wie die Astlose Graslilie *(Anthericum liliago)* mit weißen Blüten im Spätfrühjahr und *Liriope spicata,* die im September blaue Blütentrauben trägt. Beide Pflanzen bedürfen keiner Pflege, ebensowenig wie die Glockenblume *Campanula porten-schlagiana,* die die Pflasterspalten füllt und sich den ganzen Sommer über mit Blüten schmückt.

Eine andere Rabatte, die mir keine Arbeit macht, wird von einer purpurblättrigen Lambertsnuß, *Corylus maxima* ›Purpurea‹, beherrscht. Sie ist mit einem Spindelstrauch, *Euonymus fortunei* ›Silver Queen‹, unterpflanzt, einem hübschen kleinen immergrünen Strauch, der langsam wächst und immer reizvoll aussieht. In der ersten Jahreshälfte kann er richtig zur Geltung kommen, aber im August trägt die Lambertsnuß so viele Blätter, daß er darunter verschwindet. Große, buschige Exemplare der Raute *Ruta graveolens* wären besser geeignet, da sie groß genug sind, um sich gegenüber der Lambertsnuß behaupten zu können, und die beiden Farben passen gut zusammen.

Einige leicht zu ziehende krautige Pflanzen verleihen dieser dauerhaften Bepflanzung zusätzliche Farbtöne. Den Salbei *Salvia verticillata,* der als Bodendecker verwendet wird, halte ich nicht für eine gute Wahl, weil er schnell zu groß wird und zurückgeschnitten werden muß. *Phlox paniculata* in Mauve und Weiß bereitet weniger Probleme. Er wird etwas höher als die gewöhnliche Art, braucht wenig Platz und steht gut zwischen Sträuchern. Zwei andere attraktive Pflanzen, die nicht weiter beachtet werden müssen, sind die im Mai blühende Junkerlilie *Asphodeline lutea* und die Sommerhyazinthe *Galtonia candicans,* die im Juli oder Anfang August blüht.

Ein anderes äußerst anspruchsloses Beet wird von einer *Rosa moyesii* ›Nevada‹ dominiert. Sie bildet einen großen, gefälligen Strauch aus fast dornenlosen Zweigen, die blasse Blätter tragen. Ihre cremeweißen Blüten färben sich allmählich rosa. Im Gegensatz zu vielen anderen Strauchrosen blüht diese Rose mit Unterbrechungen den ganzen Sommer über. Wie die meisten altmodischen oder Wildrosen kann sie im unteren Bereich verkahlen, und deshalb ist man dankbar für große, locker wachsende Exemplare der Wolfsmilch, die ihr zu Füßen wachsen. Diese Wolfsmilch habe ich als *Euphorbia characias* geschenkt bekommen, weil sich einige Blütchen in kleine Triebe verwandeln, aus denen neue Pflanzen gewonnen werden können. Sie hat sehr große, ziemlich lockere papageiengrüne Blüten, die lange halten. Vor der Wolfsmilch wachsen einige der ausgefalleneren Bergenien, die dort gut gedeihen. Die meisten von ihnen haben recht kleine, dunkle Blätter, so zum Beispiel die Bergenien *B. purpurascens (B. delavayi)* oder *B. milesii,* die mit ihrer schönen Winterfarbe einen guten Kontrast zu der Wolfsmilch bilden.

Ein Beet im Garten, um das ich mich niemals sorgen muß, wird von dem in die Breite wachsenden Geißblatt *Lonicera nitida* ›Baggesen's Gold‹ gekrönt. Diese goldene Form wächst langsamer als die grüne, und meine Pflanze hat sich in zehn Jahren im Umfang noch nicht verdoppelt. Ich habe sie niemals beschnitten, es sei denn, ich brauchte ein paar kleine Stückchen, um Stecklinge daraus anzufertigen. Zusammen mit dem Geißblatt ziehe ich die hohe panaschierte Form des Chinaschilfs *Miscanthus sinensis* und die Fetthenne *Sedum maximum* ›Atropurpureum‹ (*S. telephium* ssp. *maximum* ›Atropurpureum‹), die das ganze Jahr über einen schönen Anblick bietet. Die frühen Triebe der Fetthenne sind niedrig, aber farbenprächtig, und wenn im Spätsommer die verzweigten fleischigen Stiele große Blütenköpfe in der gleichen Mahagonifarbe wie die Blätter tragen, dann ist die Wirkung ausgezeichnet. Ist die Fetthenne von kräftig wachsenden Sträuchern umgeben, braucht sie gar nicht oder nur wenig abgestützt zu werden. Der Römische Wermut, *Artemisia pontica,* und das Strauch-Fingerkraut, *Potentilla fruticosa* ›Farreri‹, runden das Bild ab. Die Artemisie ist weniger eine silberne als vielmehr eine schöne graue Pflanze mit aufrechten Traubenrispen von ungefähr 45 cm Höhe. Ihr Laub ist fein, und da sie sich zwar ziemlich langsam, aber stetig vermehrt, muß sie von Zeit zu Zeit etwas zurückgeschnitten werden. Das Fingerkraut blüht ununterbrochen den ganzen Sommer lang, und wenn es auch im Winter seine Blätter verliert, so sind doch seine nackten Zweige recht attraktiv.

Kriechwacholder sind nützliche Gehölze im Garten, da sie, den Rückschnitt ausgenommen, keinerlei Pflege benötigen. Ein sehr guter, widerstandsfähiger Wacholder, der geeignet ist, Ecken oder Hänge zu begrünen oder am Rand von Steinwegen zu wachsen, ist *Juniperus communis* ›Hornibrookii‹. Er hat flache Zweige mit graugrünem Laub, die sich übereinanderschichten, wenn die Pflanze älter wird. Er harmoniert sehr gut mit Bergenien, insbesondere mit der großblättrigen *Bergenia cordifolia,* und ein Gartenteil, der so bepflanzt ist, wird das ganze Jahr hindurch reizvoll aussehen. Zu Beginn des Jahres trägt die Bergenie Blüten, und ihr kann jede andere problemlose Pflanze hinzugesellt werden, die später für Farbe sorgt. Die orangefarbene Nelkenwurz *Geum coccineum (G. borisii),* die mit Unterbrechungen über einen langen Zeitraum hinweg blüht, braucht ebensowenig abgestützt zu werden wie die blaue *Stokesia laevis (S. cyanea),* die im August und September große blaue Blüten hervorbringt. Sie hat ein besonders schönes immergrünes Laub, wohingegen der Diptam *Dictamnus albus* var. *caucasicus,* der nach der Blüte einen dunklen Pflaumenton annimmt, zu schöner Gestalt heranwächst. Seine Samenkapseln, die mit dunkleren Haaren bedeckt sind, sehen eher wie keimende Knospen als wie leere Samenstände aus.

Neben dem alten Bauernhoftor, das in den Wirtschaftshof führt, habe ich noch weitere ausdauernde Bepflanzungen. Ich meine das untere Ende des Steingartens (vor der Süd-mauer), und in der Ecke, die nach Südwesten ausgerichtet ist, steht die Winterblüte *Chimonanthus praecox* ›Luteus‹, die in den Sommermonaten üppiges, glänzendes Laub trägt und sich im Winter mit leuchtendgelben, durchscheinenden Blüten schmückt. In unmittelbarer Nähe lenkt im Sommer die winterharte Fuchsie ›Mrs Popple‹ die Aufmerksamkeit auf sich. Unter der Winterblüte hat sich das gelbblättrige Geißblatt *Lonicera nitida* zwanglos über den Boden ausge-breitet, und an der rückwärtigen Mauer gedeiht *Lonicera × tellmanniana*. Dieses Geißblatt ist nahezu immergrün. Am Boden wachsen Pflanzen der *Bergenia ciliata* mit großen, haarigen Blättern, deren langstielige rosa Blütenköpfe sich so früh im Jahr öffnen, daß sie oft vom Frost vernichtet wer-den. Eine besonders schöne Form der Hortensie *Hydrangea macrophylla* (wahrscheinlich ›Altona‹) mit sehr großen, ganz dunkelrosa Blüten rundet das Bild ab.

Eine Wolfsmilch hat sich daneben selbst ausgesät – ein Sämling von *Euphorbia wulfenii (E. characias* ssp. *wulfenii)* mit den typischen Wulfenii-Blütenköpfen, aber so kompakt im Wuchs wie *E. characias*. Das von Mrs. Underwood in Colchester gezüchtete Kreuzkraut *Senecio* ›Ramparts‹, das im Winter von allen das schönste ist, ziehe ich zusammen mit der Zwergrose ›Little White Pet‹, die üppig blüht und nicht beschnitten werden muß. Ich nehme nur die verwelk-ten Blütenköpfe ab, und das ist schon alles. Es finden sich noch weitere immergrüne Pflanzen in dieser pflegeleichten Bepflanzung. Eine panaschierte Raute hat cremefarben-blaßgrüne Blätter, die den großen Lavendelbusch daneben aufhellen. Vor allem im Winter mag ich die goldene Form des japanischen Geißblatts *Lonicera japonica* ›Aureo-reticu-lata‹ besonders gern. Eigentlich soll es an der rückwärtigen Mauer wachsen, aber einige Triebe, die nicht mehr klettern wollten, haben sich auf das darunterliegende, nach Süden ausgerichtete Beet fallen lassen, um sich durch den Lavendel und die kleinen Sträucher zu winden und Helligkeit in ihre Düsternis zu bringen. Das Geißblatt ist den größten Teil des Jahres goldfarben, aber sobald die Tage kälter werden, nehmen die Blätter einen zarten Altrosaton an, was ihnen einen besonderen Reiz gibt. Der Goldton des kletternden Geißblatts wird von dem goldblättrigen Geißblatt *Lonicera nitida* ›Baggesen's Gold‹ wieder aufgenommen und bringt Helligkeit in einen eher dunklen und langweiligen Strauch, dessen Hauptvorzug sein kompakter Wuchs ist. Der Spierstrauch *Spiraea bullata* wächst sehr langsam. Seine runzeligen Blätter sind sehr dunkel, und er trägt ziemlich kleine, dunkelrosa Blüten im Juli und August. Da er zu den ersten Pflanzen gehört, die ich aus einem Steckling gezogen habe, muß er schon 25 Jahre an der gleichen Stelle stehen, und trotzdem ist er heute noch nicht höher als 45 cm und nicht breiter als ungefähr 70 cm. Er ist ein sehr gedrungener, kleiner Strauch, der keinerlei Pflege benötigt.

Ein blauer Ysop erfreut mich Ende August. Ich ziehe auch rosa und weißen Ysop. Es sind hübsche, strauchige kleine Pflanzen, die am besten gedeihen, wenn man sie nach der Blüte drastisch zurückschneidet. Danach kann man sie getrost sich selbst überlassen. Eine schöne krautige Pflanze, die im Spätsommer und Herbst blüht, ist der Storchschnabel *Geranium wallichianum* ›Buxton's Blue‹. Gegen Ende der Saison hat er sich zu einer sehr großen Pflanze entwickelt, die von blauen Blüten mit auffälligen weißen Mitten geziert ist. Nach oder schon während der Blüte, wenn sich die Blätter färben, ist er viele Wochen lang eine wahre Freude. Da er eine tief in den Boden reichende Pfahlwurzel statt rosettentragender Triebe bildet, wird die Teilung erschwert, weshalb man die Pflanze gewöhnlich durch Samen oder Wurzelstecklinge vermehrt. Selbst sät er sich meines Wissens nicht aus, so daß er kaum zur Plage werden kann.

In meinen Gartenplänen bin ich bestrebt, genügend immergrüne Pflanzen unterzubringen, die das ganze Jahr über dem Garten eine reizvolle Struktur verleihen. Ich denke eigentlich mehr über den Winter als über den Sommer nach, da sich der Sommer ja um sich selbst zu kümmern pflegt. Aber nicht alle Gärtner planen so. Manche Leute gehen im Winter überhaupt nicht in den Garten, oder der Garten liegt etwas vom Haus entfernt, so daß er von dort aus gar nicht gesehen werden kann. In einem solchen Fall kann man ausdauernde Pflanzen verwenden, die nur im Sommer reizvoll sind. Ich war sehr beeindruckt von einigen Bepflanzungen im National Trust Garden von Crathes Castle in Kincardineshire, weil dort viele Beete wochenlang nur sehr wenig Pflege benötigen. Vor allem eine Bepflanzung, die ich im Juli sah, schien mir besonders geglückt, und ich hatte den Eindruck, daß sie noch eine sehr lange Zeit gut ausschauen müßte. Ein großer Busch der Pfingstrose *Paeonia lutea* var. *ludlowii* wurde zwischen Bäumen zu einem herrlichen hellgrünen Hintergrund für die purpurfarbene *Weigela florida* ›Foliis Purpureis‹, und ich habe mich gefragt, warum wir diese Weigelie mit ihren kräftig dunklen Blättern so selten sehen. Davor bildeten riesige Horste des Frauenmantels *Alchemilla mollis* mit ihren ›Schaumhügeln‹ aus winzigen grünen Blüten einen wunderbaren Kontrast. Dort wuchsen auch Taglilien mit blaßorangefarbenen und grünlich gelben Blüten und im Spätsommer riesige Funkienhorste mit großen Blättern und lila Blüten. Es gab keine ablenkenden grellen Farbtöne, und keine der Pflanzen mußte abgestützt werden, aber der Kontrast zwischen den verschiedenfarbigen Blättern und den Blüten in blassen, zarten Farbtönen fügte sich zu einem Bild zusammen, wie ich es noch nirgendwo schöner gesehen hatte.

Man kann viele solche Pflanzpläne entwerfen, in denen die Horste möglichst groß sein und dicht zusammengepflanzt werden sollten, damit die einzelnen Arten gut zur Geltung kommen und sich zwischen den Pflanzen kein Unkraut breitmachen kann.

4. KAPITEL

Gärten ohne Rasen

Wer einen Garten ohne Rasen hat, der hat eigentlich auch keinen Ärger, denn es sind die Rasenflächen, die Ärger bereiten, wenn es an Arbeitskräften mangelt. Es schadet nichts, wenn man die Blumenbeete ein oder zwei Wochen lang unbeachtet läßt. Den Rasen aber muß man regelmäßig schneiden, wenn man auch an den anderen Teilen des Gartens Freude haben möchte. Niemand wird bestreiten, daß ein gepflegter Rasen Grundvoraussetzung eines schönen Gartens ist, während umgekehrt ein vernachlässigter Rasen einen Garten ruiniert. Nichts bringt die Schönheit der Blumen und der Sträucher besser zur Geltung als ein Rasen – er beruhigt das Auge und weckt ein Gefühl der Befriedigung und der Ruhe. Er ist aber ein unschöner Anblick, sobald er nicht gepflegt wird. Er muß regelmäßig gemäht werden, und auch die Rasenkanten muß man jedesmal beschneiden.

Es gibt viele Gründe, warum es schwierig ist, immer einen gut geschnittenen Rasen zu haben. Die Arbeitskräfte sind natürlich das Hauptproblem, und diejenigen unter uns, die auf Gelegenheitsarbeiter angewiesen sind, sind am schlimmsten dran. Ich erinnere mich an eine Zeit in meinem Gärtnerinnenleben, als mir ein sehr nettes Mädchen meinen Rasen geschnitten hat. Sie machte es ausgesprochen gut, da sie sich ausgezeichnet auf Maschinen verstand und der Rasenmäher es ihr dankte. Sobald einem aber eine technisch völlig unbegabte Kraft den Rasen mäht, geht alles schief – der Rasenmäher bleibt stehen, Dichtungsringe und Muttern fallen ab, und der Ärger hört nicht auf. Ärgerlich war natürlich, daß meine Perle nicht dann kam, wenn ich sie erwartete. Ich weiß, es war nicht ihr Fehler, da sie noch viele andere Dinge zu tun hatte, aber ich kann mich noch an die Enttäuschung erinnern, als ich mehrere Male nach Hause kam und meinen Rasen immer noch ungeschnitten vorfand.

Hinzu kommt noch das launische Wetter. Wenn man immer einen Gärtner hat, macht es nichts, wenn es einmal einen Tag regnet; kommt der Gärtner aber nur einmal in der Woche, regnet es mit Sicherheit genau an diesem Tag. Das gleiche gilt für den Wochenendgärtner. In manchen Jahren regnet es an jedem Wochenende, so daß man den Rasen zwei oder gar drei Wochen nicht mähen kann.

Gärtner, die ihre Gartenarbeit gern ganz allein erledigen, sind dann in einer mißlichen Lage, wenn sie ihren Rasen nicht mehr selbst mähen können, und ich kenne mehrere körperlich schwerbehinderte Gärtner, die ihre Gärten ohne Rasen geplant haben, so daß sie sich weiter selbst darum kümmern können. Solche Gärten müssen nicht kalt oder nackt wirken, solange der Boden dicht mit Laubpflanzen bedeckt ist, und in kleinen Gärten ist eine solche Bepflanzung sogar ausgesprochen vorteilhaft. Wir alle wissen, daß die Pflanzen in einer Rabatte, die sich unmittelbar neben der Rasenfläche erstreckt, so weit zurückgesetzt werden müssen, daß sie nicht unter den Rasenmäher geraten können, und wenn der Raum begrenzt ist, bleibt kein Platz für Begrenzungssteine oder andere Barrieren zwischen Rasen und Blumenbeet. Die Rasenkanten fallen deutlich ins Auge; sie wirken fast steif in ihren geraden Linien oder ihren Kurven, falls man so verwegen ist und eine ovale oder kreisförmige Rasenfläche vorzieht. Die Bepflanzung wirkt immer streng, selbst wenn sie es gar nicht ist, weil neben dem Rasen immer dieses nackte Stückchen Boden sichtbar ist, wohingegen ein gepflasterter Garten ohne Rasenfläche einen ganz anderen Eindruck hinterläßt.

Einer der großen Vorteile des Pflasters besteht darin, daß man die Pflanzen bis an den Rand setzen kann, damit sie sich zur Hälfte über die Steine ausbreiten. Die meisten Pflanzen haben ihre Wurzeln gern im Kühlen, und deshalb gedeihen auch Katzenminze, Schleierkraut, Gamander oder Bergenien, die so gesetzt werden, besonders gut.

Und wenn man dazu noch an den wertvollen Platz denkt, der im Blumenbeet gespart wird. Besitzer kleiner Gärten sind häufig frustriert, weil sie gern soviel mehr Pflanzen ziehen würden, als ihnen der Raum gestattet, und in einem gepflasterten Garten ohne jeden Rasen haben sie einfach mehr Möglichkeiten. Für Besitzer von großen Gärten spielt das keine Rolle – obwohl ein begeisterter Gärtner niemals genug Platz hat –, und ich persönlich würde in einem großen Garten Rasen immer vorziehen. Ausgedehnte gepflasterte Partien als grünen und friedlichen Garten zu gestalten ist nicht einfach, aber auf kleinen Flächen gelingt das gut.

Niedrige Sträucher von gefälligem Wuchs passen sehr gut an den Rand des Pflasters, solange sie nicht zu hoch werden. Das silberne Kreuzkraut *Senecio laxifolius,* das zwar groß wird, aber in der Regel in die Breite wächst, kann durch geschicktes Beschneiden im Zaum gehalten werden. Der Perückenstrauch *Cotinus coggygria* zeichnet sich durch seine grünen oder karminroten Laubhügel aus. Ich habe mich bis heute nicht entscheiden können, welche Sorte ich am liebsten mag. Die purpurfarbene Sorte *C. c.* ›Foliis Purpureis‹ wird am häufigsten gezogen, aber es gibt noch andere gute Sorten. *C. c.* ›Royal Purple‹ hat schöne dunkelfarbige Blätter, die in der hellen Sonne nach einem Regenguß besonders eindrucksvoll wirken. Die dunkelweinroten Blätter des *C. c.* ›Rubrifolius‹ scheinen durchsichtig, wenn sie von hinten von der Sonne beschienen werden. Die Sorte *C. c.* ›Purpureus‹ hat grüne Blätter und große Blütenrispen wie wogender rosa Schaum. *C. c.* ›Flame‹ ist wegen seiner schönen Herbstfärbung die beste grünblättrige Sorte.

Da diese Sträucher mit der Zeit groß werden, sollten sie Bestandteil eines Bepflanzungsschemas sein, das große

Laubhügel erfordert. Die fleischige Wolfsmilch *Euphorbia myrsinites* würde gut zu dem purpurblättrigen Perückenstrauch passen. Mit der grünblättrigen Sorte ließe sich die niedrige Fetthenne *Sedum spectabile* ›Ruby Glow‹ wirkungsvoll kombinieren. Sie bildet kompakte Horste, und die Blütenstiele wachsen in der Regel dicht über dem Boden.

Die meisten von uns ziehen kleine Pflanzen in Pflasterspalten, und wenn in einem Garten Pflaster den Rasen ersetzt, sollten die ausgewählten Pflanzen die Neigung haben, sich über den Steinen auszubreiten. Viele Pflanzen gedeihen zwischen Steinen sehr gut, vor allem wenn sie zu Beginn in einen guten Boden gepflanzt, fest angedrückt und gut eingewässert werden. Kriechende Thymianarten – zum Beispiel der Feldthymian, *Thymus serpyllum* – bilden sehr große flächendeckende Matten. Die verschiedenen Thymiansorten wirken ganz unterschiedlich, je nachdem, wie die Farbe des verwendeten Steins ausfällt. Auf einem sehr hellen Stein kommt die goldene Varietät gut zur Geltung. Rosa getönter Stein bildet einen schönen Hintergrund für den grauen wolligen *T. praecox* var. *pseudolanuginosus (T. lanuginosus)*; die frischen, leuchtendgrünen Blätter des *T. serpyllum* ›Albus‹ (nach B. Chatto *T. drucei* ›Albus‹) passen gut zu blauem Stein, und der honigfarbene Bath- oder Ham Hillstone, der sich mit allen Pflanzen gut verträgt, wirkt besonders reizvoll, wenn die Sorte ›Annie Hall‹ darüberwächst. Dieser Thymian hat winzige, intensiv grüne Blätter.

Noch heller in der Farbe ist das zarte Laub der *Phuopsis stylosa*. Diese Pflanze, die eine lange Wurzel hat, sendet ihre vierkantigen, teilweise 30 cm langen Stiele in alle Richtungen aus; an den Enden tragen sie kleine rosafarbene Blüten. Auch Teppichphloxe oder Pflanzen wie das Leimkraut *Silene schafta* und Grasnelken haben nur eine einzige Wurzel. Das Sandkraut *Arenaria balearica*, eine kleine Pflanze, die sich am besten zum Überwachsen von Steinpflaster eignet, bildet einen Film aus winzigen Blättern. Zum Anwachsen benötigt sie aber ein feuchtes, schattiges Fleckchen. Man kann sie in den Schatten einer der höheren Pflanzen am Rand des Pflasters plazieren, von wo aus sie, wenn sie sich gut eingelebt hat, ins Freie kriechen kann.

Die verschiedenen Formen des Porzellanblümchens, *Saxifraga umbrosa (S. × urbium)*, breiten sich in alle Richtungen aus und bilden mit der Zeit ziemlich schwere Matten. Ich habe Pflanzungen von etwa 1 m² Größe in meinem Garten, die alle auf Stein wachsen. Auch die Züchtungen dieser nützlichen Pflanze sind es wert, in Betracht gezogen zu werden. Die Sorte ›Variegata‹ oder ›Aurea‹ hat einen goldenen Glanz und im Winter karminrote Schattierungen.

S. × geum besitzt dunkelgrüne, tief eingeschnittene Blätter, die sich im Herbst leuchtend karminrot färben und an langen Stielen wachsen. Die Sorte *S. × g.* ›Inglesborough‹ hat sogar noch tiefer eingeschnittene Blätter. *S. × urbium* var. *primuloides* ist eine kleine Version des gewöhnlichen Porzellanblümchens, und die Sorte ›Elliott's Variety‹ (gesammelt von Clarence Elliott) ist kompakter im Wuchs und hat dunklere Blüten.

Für moosige Steinbrecharten und Römische Kamille, *Anthemis nobilis (Chamaemelum nobilis)*, müssen die Pflasterspalten manchmal größer sein. Auch das Flohkraut oder die Poleiminze, *Mentha pulegium,* beanspruchen mehr Platz, damit sie große grüne Flecken bilden können.

Versuche haben bewiesen, daß nur wenige Pflanzen dazu taugen, Grasflächen zu ersetzen, die stark strapaziert werden, aber kleine Rasenflächen, die nicht ständig begangen werden, bilden willkommene grüne Flecken. Wir hören oft etwas von Kamillenrasen, aber er läßt sich gar nicht so leicht ziehen und instand halten, wie es uns die Enthusiasten weismachen wollen. Die Römische Kamille, *Anthemis nobilis (Chamaemelum nobilis)* eignet sich für diesen Zweck am besten, da sie nicht blüht. Ihr ziemlich welliger Wuchs läßt sich aber keinesfalls mit der Billardtischglätte eines echten Rasens vergleichen. Die Römische Kamille hat ein schönes, leuchtendes Grün, und sie duftet köstlich nach Äpfeln. Auch die kriechenden Thymiane sind aromatisch, und es entstehen hübsche freie Muster, wenn die verschiedenen Sorten zusammengepflanzt werden. Nach der Blüte benötigen sie einen Rückschnitt. Sternmoos kann man in der gleichen Weise verwenden. *Sagina pilifera* hat kurzes, grasartiges Laub, das zart nach Veilchen duftet. Es breitet sich ziemlich schnell aus, ist aber für große Flächen nicht genügend strapazierfähig. *S. p.* ›Aurea‹ ist eine goldfarbene Version, die ich lieber in Pflasterspalten statt großflächig ausgebreitet sehe, weil ich mir grünes, nicht aber goldfarbenes Laub als Rasenersatz vorstelle.

Ein gepflasterter Garten kann reizvoll aussehen, wenn er mit viel Laub ausgestattet ist. Ich besuchte einmal einen großen Garten mit den üblichen Rasenflächen, Gehölzrändern und Staudenrabatten. Als wir schließlich durch ein Eisentor kamen, erklärte meine Gastgeberin, daß dies ihr »Garten zum Ausruhen« sei. Es war ein ummauertes Areal mit schmalen Beeten am Fuß der Mauern. Die Beete waren gerade breit genug, um die zahlreichen Kletterpflanzen, welche die Mauern bedeckten, aufzunehmen, aber sie waren sonst nicht besonders dicht bepflanzt. Der übrige Teil des Gartens war zwischen Beeten gepflastert, und da das Pflaster in ein Mörtelbett verlegt war, gab es zwischen den Steinen keine Spalten. Die nach einem strengen Plan konzipierten Beete waren dicht angefüllt mit Pflanzen, die wenig Pflege benötigen. Winterharter Storchschnabel, silberne Exemplare von Heiligenkraut, Kreuzkraut und Helichrysum-Arten, immergrüne Schleifenblumen und Edelgamander *(Teucrium chamaedrys)* wuchsen nebeneinander, so daß nirgends Erde zu sehen war. Alle diese Pflanzen, die kreuz und quer über die Steine quollen, erweckten den Eindruck von zwangloser Üppigkeit. In dem Garten standen mehrere Bäume – Kirschen und ein Trompetenbaum (Catalpa) –, und darunter wuchsen Nieswurz und immergrüne Pflanzen. Die Wolfsmilch *Euphorbia robbiae* eignet sich vorzüglich für einen solchen Standort, ebenso die leicht kriechende *Mahonia aquifolium (Berberis aquifolium)*, deren glänzendes Laub sich im Frühjahr häufig karminrot färbt. Es gab dort auch

Bergenia cordifolia

verschiedene Sitzplätze in der Sonne und im Schatten, da man in diesem Garten entspannt sitzen und ausruhen konnte, ohne ständig Arbeiten vor Augen zu haben, die erledigt werden müßten. Dieser Garten, der keineswegs kalt oder nackt wirkte, bot das ganze Jahr über einen attraktiven Anblick.

Unter Gärten ohne Rasen versteht man Gärten, in denen tatsächlich kein Stückchen Rasen vorhanden ist, so daß irgend etwas anderes verwendet werden muß, um die Rabatten von den Wegen zu trennen und an anderen Stellen die üblichen Rasenstreifen zu ersetzen. Eine Rabatte ausschließlich aus der großblättrigen *Bergenia cordifolia* kann vor allem im Herbst und Winter sehr reizvoll sein, wenn sich ihre großen, glänzenden Blätter rot färben, aber auch im Frühjahr, wenn sie ihre rosa oder weißen Blüten hervorbringt. Die dunkelblättrige Nelkenwurz *Geum coccineum* (*G. borisii*) ist immergrün, und obgleich ihre dunkel orangefarbenen Blüten mit anderen Blütenfarben zuweilen schlecht harmonieren, sind sie schön anzuschauen und kommen unter Bäumen gut zur Geltung. Auch die glänzenden Blätter des Ehrenpreises *Veronica gentianoides* eignen sich gut für eine dichte immergrüne Rabatte. Dieses Ehrenpreis trägt an seinen langen Stielen blaßblaue Blüten, die nach der Blüte abgeschnitten werden können. Das allgegenwärtige Porzellanblümchen, *Saxifraga umbrosa (S. × urbium)*, bildet eine schöne Rabatte für Rosenbeete, und der Frauenmantel *Alchemilla mollis* (wenn auch nicht immergrün) hat kräftige, zähe Wurzeln und ist ansehnlich genug, um vor einer Hecke gezogen zu werden. In Inverewe, einem Garten des National Trust in Schottland, ist ein Weg auf beiden Seiten mit dem Schildblatt *Darmera peltata (Peltiphyllum peltatum)* eingefaßt. Zwar ist es nicht immergrün, doch seine Wurzeln bilden im April dichte Matten mit großen rosa Blüten und später große Blätter, die sich im Herbst karminrot färben. Ich habe gehört, das herbstliche Schauspiel in Inverewe ähnele einem Metzgerladen.

Es ist schwieriger, einen großen Garten ohne Rasen zu konzipieren, aber man kann sich die Schönheiten der Natur zunutze machen. Wir schätzen den Wert von Bäumen, und falls sich Moos unter ihnen ausgebreitet hat, können wir es als ›Rasenfläche‹ stehenlassen. Damit das Moos gesund und kräftig bleibt, müssen die heruntergefallenen Blätter weggefegt werden.

Falls aber kein Moos vorhanden ist, lassen wir einfach eine wilde Wiese wachsen und verleihen dem Garten einen Waldlandcharakter. Mehrere Male im Jahr muß ein Weg geschnitten werden, aber das ist bei weitem nicht so mühsam wie das regelmäßige wöchentliche Rasenmähen.

Einen Garten ohne Rasen muß man sorgfältiger bepflanzen als einen mit Rasen. Er kann leicht kalt und hart anmuten, muß es aber nicht, wenn wir mit genügend abmildernden Stilmitteln arbeiten. Ein Pflaster in wärmeren Farbtönen ist einem ›blauen‹, kalt wirkenden Stein vorzuziehen. Sehr gute Wirkungen lassen sich mit Steinen in sanfteren Farbtönen erzielen, die sich, miteinander verlegt, zu einem harmonischen Ganzen zusammenfügen.

5. KAPITEL

Steingärten ohne Mühe

Jedermann weiß, daß ein Steingarten gewöhnlich nur mit viel Aufwand instand zu halten ist. Die vielen kleinen und wertvollen Pflanzen darin müssen am Leben erhalten und dürfen nicht von kräftigeren Nachbarn verdrängt werden. Und die meisten Steingartenpflanzen erwarten eine besondere Behandlung – sie benötigen häufig einen anderen Boden und brauchen in jedem Fall eine gute Drainage. Besonders eifrige Steingärtner bedecken den Boden ihres Steingartens in der Regel mit Rindenstückchen, die von Zeit zu Zeit erneuert und immer von Unkraut freigehalten werden müssen. Wenn so ein häßliches Unkraut einmal in einen Steingarten gelangt ist, muß der ganze Garten häufig neu angelegt werden, damit man Feinde wie Quecken und Winden entfernen kann, die sich unter den Felsen eingegraben haben und sich durch die Wurzeln der wertvollen Pflanzen arbeiten. Will man also einen durchschnittlichen Steingarten tadellos in Ordnung halten, muß man fortwährend Unkraut jäten und die Pflanzen regelmäßig ausputzen und zurückschneiden.

In einem pflegeleichten Garten kann man seine winzigen Schätze wohl nur in Trögen ziehen und den Steingarten mit den anderen, üppiger wachsenden Pflanzen bestücken. Ich denke dabei nicht unbedingt an Blaukissen, Steinkraut und Gänsekresse, die sich in Mauern und an Beeträndern wohl fühlen, sondern vielmehr an Pflanzen, die mit der Zeit ein hübsches Stückchen Erde bedecken und sich problemlos in ihre Umgebung einfügen, so daß eine harmonische Farbkomposition entsteht.

Steingartenphloxe und Steingartenrosen müssen lediglich nach der Blüte zurückgeschnitten werden. Es gibt Ehrenpreisarten wie *Veronica peduncularis* ›Nyman's Variety‹ und *V. pectinata* ›Rosea‹, die in einer überschaubaren Zeit große Matten bilden. Mit der in den letzten Jahren in Mode gekommenen Silberwurz *Dryas octopetala* bin ich nie glücklich gewesen, obgleich ich einmal eine Pflanze über drei Ebenen an der Vorderfront meines Steingartens stehen hatte. Ich glaube, sie liebt einen neutralen oder sauren Boden, und der Erde sollte zu Beginn eine Menge Torf beigemischt werden, falls ihr Kalkgehalt hoch ist. Die Silberwurz bildet am Boden flache, immergrüne Matten aus kleinen eichenförmigen Blättern. Sie blüht von Mai bis Juni, und wenn die weißen Blüten an den 10 cm langen Stielen verwelkt sind, schmücken sich die Pflanzen viele Wochen lang mit seidigen Samenköpfen. Wo auch immer die Silberwurz angesiedelt wird, sie sollte reichlich Platz bekommen. Wenn sie gut gedeiht, wächst sie über Steine und flache Beete hinunter bis zur niedrigsten Stufe.

Eine andere Steingartenpflanze, die sich genauso verhält, ist der Heidelbeerknöterich, *Polygonum vacciniifolium*. Auch er scheint sich in saurem oder neutralem Boden wohler zu fühlen, obgleich er – einmal angegangen – auch in einem Kalkboden gut gedeiht, wenn man ihn ungestört läßt. Bei mir wollte er zunächst nicht recht Fuß fassen, weil ich ihn nicht in Ruhe ließ. Wenn jemand von meiner Pflanze etwas haben wollte, riß ich kleine Stückchen davon ab, weil ich glaubte, sie müßten an anderer Stelle wieder angehen, da sie mit Wurzelbüscheln ausgestattet waren. Ich glaubte, die Mutterpflanze würde es nicht bemerken und bald neue Triebe bilden, um die abgerissenen zu ersetzen. Meine Rechnung ging aber nicht auf, und jetzt bin ich klug genug, die Pflanze nicht mehr zu stören.

Eine schöne zwergförmige mehrjährige Schleifenblume, die im Mai weiße Blüten über dunklem, immergrünem Laub hervorbringt, ist *Iberis sempervirens* ›Little Gem‹. Auch die nicht so stark wuchernden Glockenblumen sind für den Steingarten gut geeignet. *Campanula garganica* zum Beispiel mit ihren gezähnten Blättern und hellblauen Blüten, die fast den ganzen Sommer über blühen, ist eine hübsche Art. *C.* ›Norman Grove‹ hat violette Glocken, und *C. planiflora* ›Alba‹ bringt kräftige kleine weiße Blütenähren von ungefähr 15 cm Länge und ganz dunkle Blätter hervor.

In einem großen Steingarten kommen die verschiedenen Sorten der Karpatenglockenblume, *Campanula carpatica*, gut zur Geltung. Ich glaube immer noch, daß die alte *C. c.* ›Isobel‹ mit ihren großen, schalenförmigen blauvioletten Blüten eine der besten Sorten ist. Von den weißen Sorten ist *C. c.* ›Bressingham White‹ besonders zu empfehlen.

Unter den Storchschnabelarten würde ich *Geranium* × *riversleaianum* ›Russell Prichard‹ auswählen. Diese Sorte bildet eine Rosette aus silbernem Laub und unzähligen magentarot-rosafarbenen Blüten an langen Trieben. Für den Spätsommer und Herbst ist *G. wallichianum* ›Buxton's Blue‹ empfehlenswert. Dieser Storchschnabel bildet einen schönen Horst aus blauen Blüten mit weißer Mitte und aus Blättern, die sich im Herbst bunt färben.

Auch die spätblühende Winde *Convolvulus mauritanicus (C. sabatius)* kann sich in ein paar Jahren zu einer großen Pflanze entwickeln. Sie ist nicht überall winterhart, aber oftmals läßt sie sich am Leben erhalten, wenn man die Wurzeln unter einem Stein schützt.

Eine andere üppig blühende Pflanze, die für sich selbst sorgt, ist die Bleiwurz *Ceratostigma plumbaginoides.* Man sollte sie möglichst zwischen Steinen einkeilen, damit sich ihre Wurzeln nicht in alle Richtungen ausbreiten können. Und wie um sich selbst zu verteidigen, konzentriert sie sich dann besonders auf das Blühen.

Kleine Sträucher sind arbeitsparend. Die Strauchveronika *Hebe macrantha* hat sehr große weiße Blüten und dicht belaubte Zweige, und an einem ganz geschützten Platz sollte man es auch einmal mit *H. hulkeana* versuchen. Sie treibt sehr schöne Blätter und trägt an ihren Zweigen lavendelfarbene Blüten. Mitunter kann man diesen Strauch aus Neuseeland durch den Winter bringen, wenn er von anderen Sträuchern geschützt wird. Die Spiersträucher umfassen ein paar hübsche kleine Pflanzen, die ganz langsam wachsen und fast den ganzen Sommer über blühen. Die kompakte *Spiraea bullata,* die ungefähr 35–40 cm hoch wird, hat dunkelrosa Blüten und stark runzelige Blätter. Für einen schattigen Standort eignet sich die zwergförmige Eberesche *Sorbus reducta,* die zurückhaltend Ausläufer bildet und kugelige karminrote Beeren trägt.

In voller Sonne gedeiht der silberblättrige *Euryops evansii* zu einem hübschen kleinen Busch, der nahezu weiß anmutet. Wenn er nicht regelmäßig geschnitten wird, kann er schütter und schmächtig werden. Dagegen bildet der Backenklee *Dorycnium hirsutum* einen niedrigen ausladenden Busch, bedeckt mit seidig-silbrig behaarten Blättern und blaßrosa Blütenköpfchen. In manchen Gärten, vor allem an der Küste, sät er sich selbst recht üppig aus.

Es kann nicht schaden, ein paar Zwiebelgewächse zwischen die dauerhafte Bepflanzung zu setzen. Ich ziehe *Triteleia laxa (Brodiaea laxa)* in voller Sonne, habe sie aber auch schon im Halbschatten unter Bäumen blühen sehen. Ihre attraktiven rotvioletten Blüten öffnen sich im Spätsommer. Und Jahr für Jahr blühen kurz darauf die Colchicum-Arten.

In einem großen Steingarten mit genügend Platz vor den nach Süden ausgerichteten Steinen blühen auch Nerinen mehrere Wochen lang, und kleine mit Goldkrokussen gefüllte Steintaschen schaffen immer ein heiteres Bild. Am häufigsten wird *Sternbergia lutea* gezogen, aber von *S. lutea* var. *angustifolia* mit ihren schmaleren Blättern wird gesagt, daß sie die schöneren Blüten habe.

Das kleine Schneeglöckchen, das im Herbst blüht, pflanzt man gewöhnlich in die Sonne. Das Schneeglöckchen *Galanthus nivalis* ssp. *reginae-olgae* blüht gut, wenn es einmal Fuß gefaßt hat, und es ist aufregend, Ende Oktober und Anfang November seine Blüten zu entdecken.

Winterharte Alpenveilchen werden überwiegend unter Bäumen und Hecken angesiedelt, aber eigentlich gibt es keinen Grund, warum man sie nicht auch im Steingarten ziehen sollte.

In meinem Steingarten habe ich sogar ein paar seltenere zwergförmige Efeuarten, denn ich weiß, daß sie dort gut aufgehoben sind. Die panaschierte Form von *Hedera helix* ›Sagittifolia‹ ist kleinwüchsig und elegant; desgleichen das kleine panaschierte Efeu *H. h.* ›Heise‹.

6. KAPITEL

Begrünte Mauern

Gärtner, die Mauern in ihrem Garten haben, können ein gutes Stück ihrer Arbeit den vielen Kletterpflanzen übertragen, die für sich selbst sorgen und gern über andere Pflanzen hinwegklettern.

Es zahlt sich aus, die Mauern zunächst sorgfältig mit Drähten zu bespannen. Ösen zum Befestigen von Weinreben lassen sich in der Regel leicht in den Mörtel schlagen, und falls eine neue Mauer gebaut wird, sollte man die Ösen gleich in den Mörtel betten, bevor er fest wird. Mit ihrer Hilfe lassen sich über die ganze Länge der Mauer horizontale Drähte in einem Abstand von ungefähr 30 bis 45 cm ziehen, so daß eine Art Gerüst entsteht, an dem die erste Auswahl an Mauerpflanzen gezogen werden kann.

Sicher ist es einfacher, Gitterwände aus Holz oder Plastik anzubringen, doch mir persönlich sind sie zu auffällig. Ich sehe es lieber, wenn eine schöne alte Mauer mit Drähten bespannt ist. Vielleicht sind diese vorgefertigten Gitterwände Zugeständnisse an die Ehemänner, die offenbar zuweilen auf alles, was Wände und Mauern beschädigen könnte, sehr empfindlich reagieren. Einige verbieten sogar, daß irgendwelche Pflanzen an den Hauswänden gezogen werden. Efeu kann schädlich sein, wenn er sich an einer Mauer festklammern darf, obwohl ich glaube, daß er Bäumen überhaupt keinen Schaden zufügt. Ein anderer Feind von Mauern ist der Baldrian. Seine winzigen Sämlinge wachsen in Mauerspalten, und da sie dort so hübsch aussehen, könnte man glauben, den passenden Raum für eine Pflanze gefunden zu haben, die sich im Gartenboden doch allzu üppig aussät. Die Baldrianwurzeln werden aber mit der Zeit so groß, daß ihnen Stein und Mörtel nicht mehr gewachsen sind und die Mauer vielleicht erneuert werden muß.

Am Ostende meines kleinen Vorgartens wächst in der Mauer eine schöne *Mahonia aquifolium (Berberis aquifolium)*. Sie war schon da, als wir das Haus kauften, und sie bildet einen wunderbaren Sichtschutz zur Straße und einen schönen Hintergrund für die Christrosen, Hortensien, weißen Narzissen und Knotenblumen (Leucojum), die davor in einem Beet wachsen. Ich versuche, die Mahonie an der Mauer zu halten, und erlaube ihr nicht, in das Beet zu wachsen, aber ich weiß, daß sie mit der Zeit die Mauer zerstören wird.

Inzwischen erfreue ich mich an ihren glänzenden immergrünen Blättern und schneide zu Beginn des Frühjahrs kleine Stückchen der neuen karminroten Triebe ab. Eine pfirsichfarbene Scheinquitte wächst in der Ecke, und eine Katzenminze hat sich selbst in einer Ritze der Mauerkuppe ausgesät. Man sollte meinen, daß dieser enge Raum schon vollgestopft genug ist, aber da ich nie genug haben kann, setzte ich noch die weiße Clematis ›Marie Boisselot‹ in die von den Mauern gebildete Ecke. Jetzt schmücken ihre großen, flachen, weißen Blüten die Mahonie ebenso wie die Scheinquitte, und die langen Ranken winden sich durch die Katzenminze und hängen wie Girlanden außen an der Mauer herunter. Diese Clematis mit den weißen Staubfäden und langen, weißen Blütenblättern blüht von Mai bis Dezember in meinem Garten.

Die dunkelrote Rose ›Guinée‹, die sich mit samtigen und sehr schönen Hagebutten schmückt, hat das nächste Stückchen Mauer in Besitz genommen. Bis jetzt ist sie weder von ›Marie Boisselot‹ noch von der *Clematis alpina* ›White Moth‹ erreicht worden, die sich in der Nähe des Tors eingelebt hat, durch eine weitere Scheinquitte – diesmal eine flammenfarbene – klettert und den Schatten einer großen Hortensie *Hydrangea villosa (H. aspera* ssp. *aspera)* genießt.

Geißblätter gehören zu den Mauerpflanzen, die sich besonders leicht ziehen lassen. Sie finden ihren eigenen Halt, und wenn man eine der immergrünen Arten auswählt, bedecken sie mit der Zeit die ganze Fläche, auf der sie gerade wachsen. *Lonicera japonica* ›Halliana‹ ist eine äußerst gefällige Pflanze. Sie ist praktisch immergrün und verbreitet einen sehr starken Duft. Ihr Blütenflor ist üppiger als bei manchen anderen Geißblättern. Die weißen Blüten werden im Verblühen gelblich. Mein anderes Lieblingsgeißblatt ist *L. × tellmanniana,* das besonders hoch wird. Es trägt kupfrig orangefarbene Blüten und frischgrüne Blätter, und wenn auch nicht immergrün, so behält es doch sein Laub verhältnismäßig lange. Würde es noch duften, dann wäre es geradezu perfekt. Die belgische Sorte unseres Waldgeißblatts, *Lonicera periclymenum* ›Belgica‹, hat ganz dunkle Blätter und außen rot-purpurfarben angehauchte Blüten. Es ist als »Early Dutch« und die Sorte *L. p.* ›Serotina‹ als »Late Dutch« bekannt. Auch sie hat Blüten mit rot-purpurfarben angehauchten Außenseiten und ziemlich dunkle Blätter.

Die ausgesprochen nützlichen Eigenschaften, die diese Geißblätter so wertvoll machen, können allerdings zum Problem werden. Steht ein kleiner Baum oder Busch vor der Mauer, wird das Geißblatt seine rankenden Zweige von der Stütze, die es an der Mauer gefunden hat, zu der arglosen Pflanze hin ausschicken und um sie legen. Ich habe eine junge Eberesche, *Sorbus vilmorinii,* vor meine Grenzmauer gepflanzt, die sich immer noch ihre jugendliche Schlankheit bewahrt hat. Der *Lonicera japonica* ›Halliana‹ war es gelungen, sich bis hinauf in den Baum zu winden, bevor ich es bemerkt habe. Obgleich die Eberesche noch so jung ist, hat sie dieses Jahr zum ersten Mal rosa angehauchte Früchte getragen, und wenn das Geißblatt den Baum auch nicht erwürgt hätte, so wäre doch seine Schönheit beeinträchtigt worden.

Auch die Jasminarten kann man sich selbst überlassen, und sie sind geschickt genug, irgendeinen Draht oder Nagel als Halt zu finden. Ganz auf sich gestellt, breiten sie sich üppig über Mauern oder Gebäude aus, doch nur *Jasminum mesnyi (J.primulinum)* kann als immergrün gelten. Eine warme Mauer sollte man nicht an Jasmine verschwenden. Sie scheinen nämlich gar nicht zu bemerken, welche Himmelsrichtung man ihnen zugedacht hat, und sie eignen sich vorzüglich auch für Nordmauern. Der Echte Jasmin ist von besonders großzügigem Wesen. Bis spät in den November hinein bringt er seine duftenden weißen Blüten hervor. Ich habe eine silbern panaschierte Sorte dieser Art – auch sie steht an einer Nordmauer –, die aber bis jetzt noch nicht geblüht hat. Mein *Jasminum officinale* ›Affine‹ habe ich verschenkt, da es so dicht geworden ist, daß die rosa angehauchten Blüten kaum noch zu sehen sind. Dagegen würde ich auf die Sorte mit den goldfarben panaschierten Blättern nicht verzichten wollen. Ich glaube, sie wächst nicht so üppig wie die grüne Form. Auf jeden Fall sind ihre Blüten deutlich zu erkennen. Diese beiden panaschierten Sorten – gold- und silberfarben –, die sich eine Nordmauer teilen, sind inzwischen bis unter die Dachrinne gewachsen und machen sich nun auf dem Dach zu schaffen. Der goldfarbene Jasmin wetteifert jetzt noch mit einer weniger energischen Scheinquitte, und *J. officinale* hat den Platz erreicht, wo sich ein panaschierter Efeu ausgebreitet hat. Der Efeu bedeckt aber die Mauer, und der Jasmin erforscht alles, was er von den Drähten aus, die etwas von der Mauer entfernt sind, erreichen kann.

Die großblättrigen Efeuarten verwende ich gern zur Belebung des Gartens im Winter. *Hedera canariensis* ›Gloire de Marengo‹ (*H.helix* ssp. *canariensis* ›Gloire de Marengo‹) kann mit ihren panaschierten Blättern in Silber, Graugrün und mit Spuren von Rosa blendend weiß wirken, mitunter kann sie aber auch ziemlich dunkel anmuten. *H. colchica* ›Dentata Variegata‹, die kräftig cremefarben (oder blaßgelb) panaschiert ist, hat eine größere Leuchtkraft und bringt

›Sonnenschein‹ in den winterlichen Garten. Ich ziehe sie zusammen mit einem goldfarbenen Liguster, *Ligustrum ovalifolium* ›Aureum‹, in einer dunklen Nordostecke, die ich vom Haus aus bewundern kann. Dort wächst noch ein Jasmin mit kleinen goldfarben panaschierten Blättern und rosa Blüten, der wiederum als Stütze für die Clematis ›Hagley Hybrid‹ mit leuchtendrosa Blüten dient. Da das Becherkätzchen *Garrya elliptica* im Winter blüht, hoffe ich, daß es die Clematis mit der Zeit im Sommer als Hintergrund nutzen wird. Eine muschelrosa Chinarose tut das schon auf der anderen Seite, und es ist aufregend, wenn man ihre zartrosa Blüten zwischen den graugrünen Blättern des Becherkätzchens entdeckt. Chinarosen sind freundliche Kreaturen, die auch mit einer Nordmauer zufrieden sind. Sie blühen mit einigen Unterbrechungen den ganzen Sommer über und verabschieden sich im Spätherbst mit einem prächtigen Blütenflor. Meine Rose bietet noch im Oktober und November ein schönes Schauspiel, und bei sehr mildem Wetter habe ich sogar noch zur Weihnachtszeit Blüten gefunden.

Mitglieder der Rebenfamilie fühlen sich anscheinend überall zu Hause. Sie sind mit Ranken ausgestattet, die so lange mit dem Wind wehen, bis sie irgend etwas gefunden haben, an dem sie sich festhalten können. Sie machen sich auch andere Pflanzen zunutze, wenn sie in Reichweite ihrer Ranken stehen. Ein schönes Beispiel dafür kann ich von meinem Schlafzimmerfenster aus sehen. Ich habe eine *Vitis* ›Miller's Burgundy‹ an die Vorderfront meines Hauses gepflanzt, weil ihre gepuderten, graugrünen Blätter farblich gut zu dem honigfarbenen Stein des Hauses passen. Diese üppig wachsende Rebe hat ihre Ranken aber nicht nur an dem Litzendraht festgeklammert, den ich ihr unter meinem Fenster angebracht habe. Sie hat ihre kräftigen Zweige bis hinauf über die Fenster ausgebreitet, die sie sicher ganz bedecken würde, wenn ich es ihr erlaubte. Da sie bei mir zum Fenster hereinschaut, kann ich sehen, wie ihre Ranken im Wind nach einem Halt suchen, den es da nicht gibt. Ein

Stückchen weiter an der Mauer finden sie dann die kräftigen Zweige der alten Rose ›Mme Caroline Testout‹, die sie eifrig umklammern. Da die Zweige dieser Rose oft ziemlich kahl sind, bieten die schmückenden Rebenblätter einen willkommenen Rahmen für die rosa Kohlrosen.

Eine weitere Rebe, die von jeder Stütze Gebrauch macht, die sie finden kann, ist *Vitis heterophylla* mit der korrekteren botanischen Bezeichnung *Ampelopsis brevipedunculata* var. *maximowiczii*. Diese schnell wachsende Scheinrebe hat dunkle, häufig schön eingeschnittene Blätter. Ich habe sie niemals blühen sehen, schaue aber im Spätsommer sehnsüchtig nach den Beeren, die sie hoffentlich einmal hervorbringen wird. Sie erscheinen in kleinen Büscheln, sind porzellanblau und haben winzige schwarze Flecken. Man ist geneigt, der Jahreszeit die Schuld zu geben, wenn sie mit den Beeren knausert, aber inzwischen weiß ich, daß man auf eine bessere Ernte hoffen darf, wenn das Wurzelsystem im Platz eingeschränkt ist.

Eine starkwüchsige Rebe, die ich ziehe, ist *Vitis coignetiae,* eine japanische Pflanze mit großen herzförmigen Blättern von ziemlich grober Textur, die im Herbst leuchtende Farbtöne annehmen. Kein Wunder, daß sie, falls man es wünscht, bis in die Wipfel hoher Bäume klettert, denn sie ist mit den längsten und kräftigsten Ranken ausgestattet, die ich jemals gesehen habe. Sie sind so widerstandsfähig wie Draht, und wenn sie einmal eine Stütze finden, packen sie so kräftig zu, daß man sie nur schwer wieder losbekommen kann. Ich lasse diese Rebe an einem Zaun über Rosen klettern, und da sie weit um sich greift, überwuchert sie keine Pflanze gänzlich. Ich würde sie allerdings nicht auf meine zarten Pflanzenschätze loslassen, denn sie kennt keinerlei Zurückhaltung.

Die purpurblättrige Weinrebe, *Vitis vinifera* ›Purpurea‹, ist nicht ganz so besitzergreifend. Sie hat kräftig purpurfarbenes Laub, das im Anfangsstadium wie mit weißem Mehl gepudert ist, und sie trägt purpurne Trauben.

7. KAPITEL

Gras und Bäume

Man muß schon recht willensstark sein, um auf alle mit Rabatten und Steingärten verbundenen Freuden verzichten und mit einem Landschaftsgarten zufrieden sein zu können. Wenn man sich für diese Gartenform entscheidet, muß man sicher sein, daß der Rasen regelmäßig geschnitten wird. Ansonsten sorgt der Garten die längste Zeit für sich selbst.

Man sollte meinen, daß eine Anlage, die man mit repräsentativen Herrensitzen verbindet, für einen modernen Bungalow nicht geeignet sein kann. In Wirklichkeit ist dieser einfache Gartentyp genau das richtige für unsere modernen kleinen Häuser. Schnurgerade verlaufende Wege, regelmäßige Beete und ordentliche Hecken verwandeln das Anwesen in ein Puppenhaus, dessen steife Künstlichkeit sich oftmals schwer verbergen läßt. Ein paar Bäume und eine wellige Rasenfläche verleihen dem Garten jedoch einen geheimnisvollen Charakter. Ich erinnere mich, daß ich einmal einen Garten dieses Typs besucht habe. Er war verhältnismäßig groß im Vergleich zu dem Bungalow, der seinerseits nach normalen Maßstäben große Ausmaße hatte. Ich traf erst spät am Abend dort ein, und als ich den Weg zum Haus entlangfuhr, sah ich die Bäume im Licht meiner Scheinwerfer. Ringsherum wuchsen verschiedene Blumen im Gras, und ich weiß noch, wie schön die roten Tulpen in der Nacht aussahen.

Der Garten war einiges älter als das Haus, und so hatten manche der Bäume inzwischen eine eindrucksvolle Höhe erreicht. Es waren durchweg besonders schöne und reizvolle Exemplare, ausgewählt von Experten, und in dieser Szenerie konnte man sie in ihrer ganzen Schönheit wahrnehmen und gebührend würdigen.

Rings um jeden Baum wuchsen Zwiebelpflanzen im Gras, und ich bemerkte, wieviel natürlicher ein Baum wirkt, der nicht von kleinen Beeten umgeben ist. Zum Pflanzen sollte der Boden gut vorbereitet und das Loch ausreichend groß sein. Der Grund sollte mit umgedrehten Grassoden gepolstert sein, und zum Auffüllen wähle man eine gute Erde. So gesetzt, wird der Baum nicht nur angehen, sondern auch kaum weitere Pflege erfordern. Man kann zusätzlich verrotteten Stallmist zum Mulchen verwenden und Knochenmehl in Löcher geben, die man mit einer Brechstange in den Boden gebohrt hat.

Größe und Gestalt des Gartens bestimmen, welche Bäume und Sträucher man verwendet und wie sie gepflanzt werden. Grundsätzlich sind alle Arten von Bäumen geeignet – immergrüne Bäume, die das ganze Jahr über reizvoll sind, und blühende Bäume, die zu verschiedenen Jahreszeiten für Farbe sorgen. Mitunter ist es wirkungsvoll, mehrere Bäume zu einer Gruppe zusammenzupflanzen. Ich werde immer langsamer, wenn ich am Arboretum von Westonbirt in Gloucestershire vorbeifahre, damit ich die hohen goldenen Koniferen genießen kann, die dort in einer Gruppe beisammenstehen. Sie sehen zu jeder Jahreszeit gut aus, besonders schön aber sind sie im Winter, wenn der Goldton noch intensiver zu sein scheint und die Bäume noch stärker leuchten. Für einen kleinen Garten müssen natürlich kleinere Bäume ausgewählt werden. Hin und wieder kann ein Baum mit panaschiertem Laub einen erfreulichen Kontrast bilden, und auch Gehölze mit schönen Herbstfarben wie der Spindelstrauch *(Euonymus alata)* für Kalkböden und der Amberbaum (Liquidambar) für tiefe, saure Böden können zur Belebung des Gartens beitragen.

Im großen und ganzen sind für diesen Gartentyp Bäume besser geeignet als Sträucher, weil man das Gras ringsherum schneiden kann und die Bepflanzung in gar keinem Fall an einen Strauchgarten erinnern sollte. Die meisten Leute würden wohl einen ordentlichen Weg durch den Garten vorziehen. Gemeint ist ein Weg, der mit Asphalt oder dergleichen versehen und dann mit Kies belegt worden ist, der also ewig hielte und immer frei von Unkraut wäre. Ab und zu ein Strauch in der Nähe dieses Weges scheint passend, und Laub in verschiedenen Farben könnte durchaus erwogen werden. Der purpurblättrige Perückenstrauch *Cotinus coggygria* ›Rubrifolius‹ ist sehr dekorativ, aber ich frage mich immer, ob die grünblättrige Art mit ihren fedrigen grauen Blütenständen nicht besser ist. Der Schneeball *Viburnum tinus* (»Laurustinus«) ist eine bemerkenswert schöne Pflanze, wenn sie sich frei entfalten darf. Außerdem hat sie den Vorzug, im Winter zu blühen. Gestalt und Farbe sind wichtig, da man leicht einem solchen Garten ein unruhiges Aussehen verleihen kann, und auch die Bäume müssen sehr überlegt plaziert werden.

Der Garten, an den ich denke, enthielt einige Extras, die zweifellos Arbeit machen, auf die man aber ohne weiteres verzichten kann, wenn die Arbeit auf ein Minimum reduziert werden soll. Vor dem Haus hatte man einen kleinen Teich und einen Steingarten angelegt. Über das Wasser führte eine Brücke, und am Rand wuchsen ein Trauerbaum, Primeln und Iris. Der Steingarten war eher unauffällig, und die Pflanzen darin waren leicht zu ziehen, aber jeder Gärtner weiß, wieviel Arbeit ein Steingarten gewöhnlich macht.

Ich glaube, daß die kleinen gepflasterten Gärten hinter dem Haus weniger Arbeit erforderten. Sie waren auf beiden Seiten so geschickt angelegt, daß sie im Hintergrund von Bäumen umgeben waren, und so schienen sie in das Schema zu passen, als gehörten sie dorthin.

An mehreren anderen Stellen hatte man große Tröge auf Steinen vor einem Laubhintergrund ausgestellt, und auch in den gepflasterten Bereichen waren Tröge charakteristische

Elemente. Ich erinnere mich, daß einer dieser Gartenteile, der etwas höher lag, über flache Stufen erreichbar war. Der gepflasterte Teil war von einer niedrigen Mauer umgeben und ziemlich unregelmäßig geformt; hier standen mehrere Tröge. Die Zwergsträucher, die zwanglos neben den Stufen und an der rückwärtigen Seite vor dem Stein wuchsen, kaschierten die harten Linien und halfen, diesen Gartenteil mit dem Rest des Gartens harmonisch zu verbinden. Auch die Tröge, die zu den verschiedenen Jahreszeiten für zusätzliche Farbe sorgten, waren aufeinander abgestimmt. Kleine Beete, bestückt mit kleinen Pflanzen, hätten hier deplaziert gewirkt.

Ein weiteres Zugeständnis an ›normale‹ Gärten war die verschwenderische Fülle von Pelargonien und anderen Beetpflanzen rings um das Haus. Diese Bepflanzung machte sicherlich viel Arbeit – schließlich mußten die Pflanzen herausgenommen und die Beete jedes Jahr wieder neu bestückt werden –, aber sie sorgte die ganze Saison über für Farbe. Weniger Arbeit hätte man sicher mit einer breiten Rabatte, bepflanzt mit anspruchslosen immergrünen Pflanzen, die jederzeit einen reizvollen Anblick bieten. Dazwischen könnte man vielleicht ein paar pflegeleichte Stauden und Zwiebelpflanzen wie *Iris unguicularis* und vor eine Südmauer ein paar Nerinen setzen, doch eine solche Rabatte wäre längst nicht so farbenprächtig.

Es gibt noch eine andere Art des naturnahen Gartens, die weit weniger Arbeit macht, aber dieser Gartentyp ist äußerst selten, denn er läßt sich nur verwirklichen, wenn man am Rand eines Moores lebt. Ich habe höchst eindrucksvolle Gärten gesehen, die auf dem natürlichen Terrain mit Heiden und manchmal auch Waldheidelbeeren *(Vaccinium myrtillus)* angelegt waren. Das Gras ist gewöhnlich kurz geschnitten, es gibt darin vielleicht ein paar Felsblöcke, und wenn man Glück hat, haben sich ein paar Bäume angesiedelt. Wer hat nicht schon bei einer Moorwanderung gedacht, wie angenehm es doch sein müßte, vom Haus aus direkt in einen natürlichen Garten zu spazieren. Bewohner von Moorgebieten, die eine solche Landschaft vor der Tür haben, tun gut daran, sie als ein Geschenk des Himmels zu nehmen, und versuchen besser nicht, ihrem Garten eine künstliche Atmosphäre zu verleihen. In eine solche Umgebung paßt kein eingezäunter Garten mit streng geometrisch angeordneten Beeten. Ein Zaun würde zwar die Tiere fernhalten, aber es sind Kaninchen und Schafe, die das Gras kurz halten und dafür sorgen, daß es schön und dicht bleibt. Nutz- oder Kulturpflanzen würden natürlich auch gefressen, die heimischen Moorlandpflanzen sind dagegen vor den Tieren sicher, solange Gras vorhanden ist.

Am Anfang wäre es zweifellos notwendig, etwas Ordnung zu machen und Platz für einen Weg zu schaffen, der möglichst mit dem Stein der Gegend belegt werden sollte. Wenn keine Bäume auf dem Gelände stehen, würden ein paar Silberbirken oder eine schottische Kiefer in eine solche Umgebung passen. Mit den schon vorhandenen Felsblökken, die man neu arrangieren könnte, ließe sich ein natürlicher Steingarten gestalten, in dem aber nur die gewöhnlichsten und problemlosesten Pflanzen gezogen werden sollten. Es sollten Pflanzen sein, die man auch in dieser Umgebung finden könnte und die leicht zu ersetzen wären, falls sie zusammen mit dem Gras abgeknabbert würden. Die Silberwurz *Dryas octopetala* wäre eine gute Wahl, die Aakerbeere, *Rubus arcticus,* läßt sich leicht ziehen und gedeiht gut in saurem Boden, desgleichen Pflanzen wie die Bärentraube, *Arctostaphylos uva-ursi,* und die Moosbeere, *Vaccinium oxycoccos.*

8. KAPITEL

Freigebigkeit der Natur

Will man den naturnahen, pflegeleichten Garten mit Pflanzen bestücken, so besteht die Möglichkeit, die selbst ausgesäten Sämlinge, die von der Natur so freigebig verteilt werden, einfach stehenzulassen. In jedem Garten, der mehr mit Wildarten als mit Hybriden gefüllt ist, erscheinen Jahr für Jahr zahllose Sämlinge. Ich verlasse mich auf viele von ihnen und bin dankbar für diese Schätze, die meinen Garten auffüllen. Natürlich setzt das voraus, daß man niemals eine Hacke benutzt (außer im Gemüsegarten), aber ich gärtnere ohnehin nie mit der Hacke, und ich würde auch niemanden mit einer Hacke in meinen Garten lassen. Das war immer ein kleiner Streitpunkt zwischen meinem Mann und mir, als er noch lebte. Er hatte nämlich festgestellt, wie schnell man mit einer Hacke den Garten von Unkraut befreien kann, und er demonstrierte gern, wie leicht man mit diesem Gerät die abgelegenen Teile eines Blumenbeets erreichen kann. Ich mußte ruhig zusehen, wie er alles Sichtbare abhackte – sowohl kleine Pflanzen als auch Unkräuter –, aber ich war niemals gehorsam genug, seinem Beispiel zu folgen.

Es ist merkwürdig, wie oft Sämlinge von Pflanzen erscheinen, die man jahrelang nicht im Garten gezogen hat. Vor ungefähr 20 Jahren habe ich eine Kratzdistel *(Cirsium diacantha)* gekauft. Sie ist zweijährig, und damals habe ich keinen Samen von ihr gesammelt. Aber rund sechs Jahre später erschien eine Pflanze, die wie ein kleiner silberner Seestern aussah, und ich erkannte, was es war. Ich grub den Sämling aus, da er sonst unter einem Phlox erstickt wäre, und er entwickelte sich zu einer 60 cm hohen, schlanken Distel mit silbernen Blättern und kleinen purpurfarbenen Blüten. Seitdem habe ich jedes Jahr drei oder vier kleine Pflanzen in meinem Garten, und wenn ich Zeit genug habe, setze ich sie zusammen, um sie deutlich zur Schau zu stellen. Die Mariendistel, *Silybum marianum,* verhält sich genauso, aber da sie eine viel größere Rosette bildet, muß man ihr etwa 1 m² Platz zur Verfügung stellen. Diese beiden Disteln sind besonders schön, solange sie noch keine Blütenstiele ausgebildet haben. Vor allem die Mariendistel hat sehr große, tief zerteilte, leuchtendgrüne Blätter mit dornigen Rändern und auffälligen weißen Adern, die ein Muster bilden. Sie sollen durch Tropfen der Milch Mariens entstanden sein (im Englischen heißt die Distel »Virgin's Milk«).

Die großen Beete, in denen ich Helleborus ziehe, wären vollständig mit selbst ausgesäten Pflanzen gefüllt, wenn ich sie alle stehenließe. Im Sommer kümmere ich mich um die Beete kaum, und bevor ich die Nieswurz teile – Wildarten und verschiedene Sorten von *Helleborus orientalis* – gibt es einige Stellen nackter Erde, auf denen sich die Pflanzen ungestört entwickeln können. Das Beet liegt unter alten Apfelbäumen in leichtem Schatten, und Horste von kultivierten Gräsern sorgen inmitten der Helleborus-Arten für Höhe. Am Beetrand wachsen Bergenien den Weg entlang.

Einige dieser Fremdlinge werden ziemlich mächtig. In einem Jahr hatte ich eine 4,20 m hohe Eselsdistel *(Onopordum acanthium)* und einen großen Horst eines Muskateller-Salbeis *(Salvia sclarea* var. *turkestanica)* in meinen Garten, die beide abgestützt werden mußten. Ich ziehe auch einen gefüllten, rosafarbenen Schlafmohn, der wie eine Malmaison-Nelke aussieht. Er sät sich selbst reichlich aus, aber nicht alle Sämlinge sind sortenecht, und manche haben eindrucksvolle Farbtöne zwischen Lavendel, Maulbeere und Kirsche. Einige sind gefüllt, andere einfachblühend.

Wer einmal dem Storchschnabel *Geranium pratense* zugestanden hat, sich im Gras auszubreiten, wo er sicher am besten gedeiht, kennt die wunderbaren Farben, die sich bei den Sämlingen zeigen. Zarte Rosa-, gelbliche und graue Weißtöne sowie alle Blauschattierungen treten auf, und wenn sich ein blasser, trauriger, rosafarbener Storchschnabel neben einen verblaßten lila Mohn setzt, ist das Bild schöner als jede kunstvoll komponierte Farbzusammenstellung.

Die Große Sterndolde, *Astrantia major,* sät sich üppig aus, aber ihre kompakten Horste sind niemals im Weg, und ihre spitzenartigen weißen und blaßgrünen Blüten sehen neben beinah jeder Pflanze gut aus. *A. biebersteinii,* die mehr Rosa in ihren Blüten hat, sät sich ebenso reichlich aus. Desgleichen *A. carniolica,* die der Großen Sterndolde sehr ähnlich sieht, in der Regel aber nicht so hoch wird. Auch das sich mäßig aussäende gefüllte Mädesüß *Filipendula ulmaria* ›Plena‹ hat mich noch nie gestört. Seine eingeschnittenen Blätter und cremig weißen Blüten passen überall hin. Die Jakobsleiter *Polemonium caeruleum* siedelt sich immer genau dort an, wo ein Hauch von Blau benötigt wird, während Glockenblumen für zusätzliches Blau oder Weiß sorgen. Die Pfirsichblättrige Glockenblume, *Campanula persicifolia,* blüht monatelang, und *C. lactiflora* beschert jedem, der ihre verwelkten Blüten abschneidet, noch einen zweiten Blütenflor. Manchmal entdecke ich eine einzelne Knäuelglockenblume, *C. glomerata,* die mit ihrem dunklen Blau einen willkommenen Kontrast bildet. Und Blüten in einem leuchtenderen Blau bringt die Jungfer im Grünen, *Nigella damascena,* hervor.

Ich bemühe mich, nicht sentimental zu werden, wenn ich von der Gartenmelde *(Atriplex hortensis)* spreche, die ich vor 25 Jahren als »Red Mountain Orach« gekauft habe. Ich habe sie seitdem nicht wieder ausgesät, aber jedes Jahr entdecke ich mehr und mehr dieser kleinen karminroten Sämlinge. Sie sehen so harmlos aus, wenn sie erscheinen, aber läßt man sie gewähren, wachsen sie bis auf eine Höhe von 1,80 m heran. Niemand wird bestreiten, daß es ausnehmend schöne, farbenprächtige Pflanzen sind, gleich wo sie stehen. Am späten Nachmittag, wenn die Sonne durch ihre schönen Blätter scheint, leuchten sie wie Rubine, so daß man herrliche Bilder mit ihnen schaffen kann. Das Blaugrün der Wolfsmilcharten *Euphorbia characias* oder *E. wulfenii (E. characias* ssp. *wulfenii)* bildet eine wunderbare Folie, und wenn sich diese Wolfsmilcharten nicht selbst neben einer Gartenmelde aussäen, dann nimmt sicher die Spring-Wolfsmilch, *E. lathyris,* den Platz ein.

Mit ihren graugrünen Blättern, die regelmäßig im rechten Winkel an den Stielen sitzen, ist sie eine ausnehmend schöne Pflanze. Sie hält lange im Wasser und sieht reizvoll aus, wenn sie zu blühen beginnt. Die Samenkapseln, die ein wenig an Kapern erinnern, sind sehr giftig. Sobald die Samen reif sind, platzen die Kapseln mit einem leisen Knall, der gleichwohl die Nerven des Gärtners angreift, denn er weiß, daß jeder Samen eine weitere Spring-Wolfsmilch bedeutet; und es ist nicht leicht, Hunderte dieser hübschen Pflanzen ausreißen zu müssen. Wie man sich auch entscheidet, es wird sicher genügend Exemplare von *E. lathyris* geben, die zusammen mit der Gartenmelde wachsen können.

Neben blaugrünen Blättern passen auch silberne gut zur Gartenmelde, und eine Konifere wie die Scheinzypresse *Chamaecyparis lawsoniana* ›Fletcheri‹ würde sich vorzüglich als Hintergrund eignen. Der sich selbst aussäende Tabak *Nicotiana rustica* mit seinen kleinen, grünen Blüten ist ebenfalls eine willkommene Nachbarschaft.

Natürlich sind nicht alle selbst aussäenden Pflanzen derart groß. Der Walisische Mohn, *Meconopsis cambrica,* ist wirklich ein sehr hübsches kleines Gewächs, und alle Gärtner, bei denen er nicht gedeihen will, beneiden mich um meine Hunderte von Exemplaren. Ich selbst bin nicht immer so glücklich damit, weil er sich in die Mitte wertvollerer Pflanzen setzt und die Spezialbeete überwuchert, die ich für meine seltenen Zwiebelpflanzen reserviert habe. Aber wenn er seine gelben oder orangefarbenen Blüten mit Mr. Bowles' goldenem Flattergras *Milium effusum* ›Aureum‹ vermischt, wenn er sich vor den Frauenmantel *Alchemilla mollis* oder die Wolfsmilch *Euphorbia cyparissias* setzt, bin ich dankbar für seine Hartnäckigkeit. Hätte ich genug Zeit, würde ich die Herumtreiber einsammeln und gemeinsam in eine dunkle Ecke oder unter eine Mauer pflanzen, aber ich weiß, daß dieser Versuch aussichtslos wäre. Also muß ich mich mit ihrem unsteten Verhalten abfinden und für den fröhlichen Anblick dankbar sein, den sie immer irgendwo in meinem Garten bieten. Nach der Blüte ziehen wir Hunderte von ihnen aus, und dennoch werden es Jahr für Jahr immer mehr.

Die vielen Veilchen, die sich selbst aussäen, würde ich noch mehr lieben, wenn ich ihre Blütenfarbe im voraus kennte. Vermutlich sind die meisten von ihnen weiß, da ich aber auch rosa- und schwefelfarbene, rote sowie Exemplare in Zwischentönen ziehe, können sie alle möglichen Farben haben. Ein Veilchen, das sich weniger stark aussät, ist das gewöhnliche mauvefarbene Waldveilchen. Alle diese Veilchen sind Formen des Duftveilchens, *Viola odorata*. Die Hundsveilchen, die sich an ihren Blättern erkennen lassen, reiße ich meistens heraus, nur in einem Teil des Grabens steht ein hübsches rosafarbenes Hundsveilchen, das ich um keinen Preis verlieren möchte. Auch das purpurblättrige Labradorveilchen, *Viola labradorica,* ist stets willkommen. Seine Blätter bilden schöne Farbflecken, und eine dichte Decke davon kann sehr wirkungsvoll sein. Ohne mein Zutun hat es dieses Veilchen auf sich genommen, ein Beet, in dem ich einige Rosen zusammengepflanzt habe, teppichartig zu bewuchern. Da dort auch andere Pflanzen wachsen, würde ich es nicht als einen Rosengarten bezeichnen. Die meisten Rosen habe ich in die normalen Beete zwischen andere Pflanzen gesetzt, und genau so ziehe ich sie am liebsten.

Auch die Stiefmütterchen säen sich wie alle anderen Viola-Arten reichlich aus und blühen den ganzen Sommer über, so daß man dankbar für sie sein sollte. Da sie ausgewachsen aber recht wüst aussehen, reiße ich die älteren Exemplare heraus. Ein kleines Stiefmütterchen in Gelb und Purpur, ›Little Jock‹, sät sich überall selbst aus, und es gibt noch viele andere Sorten in Blau-, Violett- und Lavendeltönen. Auch Mr. Bowles' *»Viola nigra«* (Mr. Bowles' Black Viola) ist glücklicherweise sehr freigebig mit Samen, denn es ist sehr begehrt. Natürlich ist es nicht wirklich schwarz, sondern tiefdunkelblau. Auch die verschiedenen Formen des Hornveilchens *(Viola cornuta)* säen sich selbst aus, insbesondere die weißen. Von der mauvefarbenen Form besitze ich nur wenige vereinzelte Pflanzen, aber die wedgewoodblaue Sorte verbreitet sich gut. Ein Freund hat mir begeistert von den wilden Hornveilchen in den Pyrenäen erzählt, die dort zusammen mit Walisischem Mohn und dem Storchschnabel *Geranium phaeum* wuchsen und miteinander ein wunderbares Bild abgaben. An einer anderen Stelle hatten sich so viele Hornveilchen in den Wiesen ausgebreitet, daß sie noch aus einer Entfernung von gut anderthalb Kilometern zu sehen waren.

Ich weiß gar nicht, wie viele Pflanzen des Frauenmantels *Alchemilla mollis* in meinem Garten stehen. Seine jungen Blätter sind von so makeloser Schönheit, daß ich ungern sehe, wie sie größer werden. Aber die großen Pflanzen sind nützlich, denn ihre Wurzeln sind kräftig genug, um eine wirksame Schranke zwischen Beet und Weg zu bilden. Wie ich schon gesehen habe, eignet sich der Frauenmantel vorzüglich als Schmuck am Fuß einer Hecke, und vielleicht könnte man die verstreuten Sämlinge der Traubenhyazinthen einsammeln und in der gleichen Weise verwenden oder sogar mit dem Frauenmantel zusammenpflanzen.

Eine andere Pflanze, die sich üppig aussät, aber groß und robust genug ist, um als Beeteinfassung zu dienen, ist der grüne Wegerich *Plantago major* ›Rosularis‹ (»Rose Plantain«). Eine gut entwickelte Pflanze kann zu einem Durchmesser von 45 cm heranwachsen, und ihre Blüten halten fast den ganzen Sommer über. Auch der dunkelpurpurne Wegerich *P. m.* ›Rubrifolia‹ bildet schöne Horste, hat aber natürlich die für den Wegerich typischen Blütenähren – in der gleichen Farbe wie die Blätter – statt der rosenähnlichen Blüten, die sich aus grünen Blättchen zusammensetzen. Wie er bildet das Kaukasusvergißmeinnicht, *Brunnera macrophylla*, einen kompakten Horst mit dunklen, immergrünen Blättern, der überall eine nützliche Schranke bilden kann. Bis in den September schmückt sich die Pflanze mit vereinzelten Rispen aus winzigen blauen Blüten.

Jeder, der einen schattigen Garten hat, wäre dankbar für eine *Montia sibirica (Claytonia sibirica)*. Sie sät sich gern unter Bäumen und in dunklen Ecken aus, und sie eignet sich vorzüglich als Bodendecker. Offenbar hat sie keine feste Blütezeit, denn ich finde ihre kleinen rosa oder weißen Blüten das ganze Jahr über. Auch der Lerchensporn *Corydalis lutea* steht immer in Blüte, und gäbe es nicht so viele andere Pflanzen, würden wir ihn sicher freundlicher behandeln. Mit seinen zarten blaugrünen Blättern und gelben Blüten ist er nämlich eine äußerst ansehnliche Pflanze. Hat er sich einmal in einer Mauerritze angesiedelt, kann man ihn getrost dort stehenlassen. Vor kurzem habe ich einen Garten entdeckt, in dem sich der cremeweiße Lerchensporn *C. ochroleuca* üppiger aussät als die gewöhnliche Art, aber bei mir tut er das leider nicht. Die aristokratischen Formen des Sauerklees gehen mir immer wieder verloren, doch *Oxalis floribunda,* der rosablühende Sauerklee des Cottage-Gartens, beschert mir so viele Sämlinge, wie ich haben will. Hier und dort erscheint auch eine weißblühende Pflanze, aber das geschieht nur selten. Ich dachte, ich hätte nach vielen Jahren den kleinen gelben Sauerklee *O. valdiviensis* eingebüßt, doch es zeigte sich, daß er mich nicht im Stich gelassen hatte: statt in den immer volleren Beeten hat er sich jetzt in den Mauerritzen ausgesät.

Als ich eine Pflanze der gold-grün gescheckten Winterkresse, *Barbarea vulgaris* ›Variegata‹, geschenkt bekam, hütete ich sie wie meinen Augapfel. Inzwischen sät sie sich selbst reichlich aus und bildet ausgedehnte Horste mit leuchtendem Laub, die sehr wirkungsvoll größere Lücken ausfüllen. Mr. Bowles' goldenes Flattergras *Milium effusum*

›Aureum‹ ist von weniger kräftigem Wuchs, aber seine Sämlinge werden groß genug, um unter Bäumen fröhliche Flekken zu bilden.

Alle Wolfsmilcharten sind überaus freigebig mit Samen, und oftmals suchen sie sich selbst besonders wirkungsvolle Plätze. Ihre grünen Blütenköpfe bieten im Sommer unter Bäumen einen reizvollen Anblick. Fenchel ist ebenfalls recht großzügig im Selbstaussäen, und ich muß gestehen, daß er mir manchmal zuviel wird. Doch die jungen Pflanzen lassen sich leicht entfernen, und wenn man ausgewachsene Pflanzen rechtzeitig vor der Aussaat zurückschneidet, bilden sie leuchtendgrüne oder kastanienbraune Kissen.

Wenn man einmal Taubnesseln im Garten hat, braucht man sich um brachliegende Stellen nicht mehr zu sorgen. Am reichsten sät sich natürlich die gewöhnliche Gefleckte Taubnessel, *Lamium maculatum*, aus, aber auch die lachsfarbene Sorte *L. m.* ›Roseum‹ beschert uns Samen, und *L. galeobdolon* ›Variegatum‹ (*Lamiastrum galeobdolon* ›Variegatum‹) endlich ist geradezu unbändig. Manchmal zeigt es wahres Talent, wenn es zum Beispiel durch die dünnen Zweige des *Cotoneaster horizontalis* klettert und so einen wunderbaren Hintergrund für dessen dunkle Zweige und rote Beeren bildet. Ich kann ihm auch vieles vergeben, wenn es sich durch einen unordentlichen Strauch bahnt, um dessen nacktes Geäst zu bedecken.

Es ist Jahre her, daß ich den Sämling einer aprikosenfarbenen Spinnenpflanze (Cleome) geschenkt bekam, und seitdem kehren Jahr für Jahr Hunderte zurück, um die Lücken zwischen den Pflanzen auszufüllen. Jeder bittet mich darum, und ich verschenke eine Unmenge von Pflanzen, die sich hoffentlich in den neuen Gärten so wohl fühlen wie bei mir. Auch *Chrysanthemum macrophyllum* habe ich geschenkt bekommen. Er hat ausgesprochen schön eingeschnittene Blätter in einem hellen Graugrün. Seine elfenbeinfarbenen Blüten könnte man für Rainfarnblüten *(C. vulgare, Tanacetum vulgare)* halten, weshalb diese Margerite in England im Volksmund auch »Tansy Chrysanthemum« genannt wird.

Sie hält sich lange in der Vase, und da sie robust und widerstandsfähig ist, eignet sie sich gut für wildwachsende Gartenpartien. Mein erster Wermut, *Artemisia absinthium,* stammt von Samen, die ich auf Portland gesammelt hatte. Inzwischen habe ich so viele Pflanzen, wie ich nur möchte. Man kann auch zu viele davon haben, da die Versuchung groß ist, diese robusten silbrigen Pflanzen stehenzulassen, denn sie scheinen sich genau die Plätze auszusuchen, an denen sie am besten zur Geltung kommen. Viele der raffinierten Silberpflanzen haben im Winter kaum etwas zu bieten, aber der Wermut ist selbst in dieser Jahreszeit attraktiv, zumal er Wind und Regen gewachsen ist.

Nicht jeder liebt den moschusartigen Geruch der *Phuopsis stylosa,* doch manche Leute finden ihn angenehm. An dieser Pflanze gibt es einfach nichts Unansehnliches. Ihr grünes Laub ist leuchtend und frisch, und ihre winzigen rosafarbenen Blüten erscheinen wochenlang. Mit ihren frei schweifenden Sämlingen bedeckt sie große nackte Bodenflächen.

Sicher wird jeder wissen, daß sich Baldrian ungeheuer stark aussät. Dennoch ist er sehr brauchbar, und manche der selbstausgesäten Pflanzen sorgen genau an den Stellen für Farbe, wo es not tut. Die Elfenbeindistel, *Eryngium giganteum,* plaziert sich ebenso geschickt, aber die Freude an ihr währt länger, da ihre stacheligen blauen Blüten die ganze Zeit, in der sie sich langsam silbern färben und später einen Elfenbeinton annehmen, schön anzuschauen sind. Auch Malven säen sich kräftig aus, aber nicht alle kann man in seinem Garten behalten. Die gewöhnliche *Malva moschata* ist nicht besonders ansehnlich im Wuchs, und der Rosaton der Blüten ist eher unbefriedigend; die weiße Form ist dagegen sehr schön und gereicht jeder Pflanzengemeinschaft zum Vorteil. Ich sehe sie gern bei gelben Königskerzen und weißem Rittersporn (möglichst einer Pacific-Hybride), doch zusammen mit silbernen Pflanzen oder grünen Blüten wird sie zur Aristokratin. *M. alcea* ›Fastigiata‹ blüht meines Wissens immer rosa, aber in diesem Fall ist es ein schönes Rosa.

Wenn die Pflanzen eine Höhe von 1,20 bis 1,50 m erreichen und mit Blüten bedeckt sind, füllen sie viel Platz befriedigend aus. Den ganzen August und September hindurch, zuweilen bis in den Oktober, beleben sie den Garten mit hinreißenden Farbtönen.

9. KAPITEL

Laubrabatten

Eine Rabatte, die einfach zu pflegen ist und dennoch das ganze Jahr über reizvoll aussieht, läßt sich auch ausschließlich aus Laubpflanzen gestalten. Blüten sind ein willkommenes Extra, sollen aber nicht darüber hinwegtäuschen, daß die dekorative Wirkung der Blätter, ihre Farben, Texturen und Formen im Mittelpunkt stehen. Dieser Gedanke setzt sich immer mehr durch, vor allem in großen Gärten. Vor einiger Zeit habe ich eine solche Rabatte in den Gärten der Royal Horticultural Society in Wisley gesehen, und ich glaube, daß sie viele Gärtner inspirieren wird. Das gegenwärtig so außerordentlich starke Interesse an der Blumenbinderei schult den Blick und läßt uns erkennen, wie schön viele ganz gewöhnliche Pflanzen sind, die wir bisher einfach als selbstverständlich hingenommen haben. Ist eine solche Rabatte einmal gepflanzt, macht sie kaum noch Arbeit, und wenn sie überlegt konzipiert worden ist, kann sie durchaus farbenprächtig sein.

Eine der Pflanzen, die mir in Wisley aufgefallen sind, war die panaschierte Form des Immergrüns, *Vinca major* ›Variegata‹ (*V. m.* ›Elegantissima‹), mit seinen wunderbar glänzenden, gesunden Blättern, die mit großen leuchtenden Flecken in Creme und Blaßgrün geschmückt sind. In jener Rabatte war sie wirkungsvoll unter einen Baum gepflanzt, aber vielen Gärtnern erscheint sie wohl als zu gewöhnlich, um ernsthaft in Betracht gezogen zu werden.

Unter den Sträuchern fallen mir zuerst die immergrünen ein, und ein paar schöne Koniferen eignen sich gut als Rückgrat. Am besten wählt man kleine, langsam wachsende Sorten nach Form und Farbe aus. Kürzlich habe ich einen Strauch in eine Rabatte gepflanzt, der viel Anklang gefunden hat. Das verwundert mich gar nicht, denn die Duftblüte *Osmanthus heterophyllus* ›Purpureus‹ *(O. ilicifolius* ›Purpureus‹) ist eine schöne Pflanze mit ilexartigen, dunklen, glänzenden Blättern. Vor allem ihr frischer Austrieb ist sehr dekorativ. Die Sarcococca-Arten bilden mit ihrem etwas leuchtenderen Grün einen angenehmen Hintergrund, und für einen geschützten Standort ist die Orangenblume, *Choisya ternata,* mit Blättern in dem leuchtendsten Grün zu empfehlen.

Die schönste blaulaubige Pflanze ist natürlich die Raute *Ruta graveolens* ›Jackman's Blue‹, die man im Frühjahr drastisch zurückschneiden sollte, damit sie ihre schöne Form behält. Ich bin sehr stolz auf die blaugraue Strauchveronika *Hebe cupressoides* und war entsetzt, als der grausame Winter 1962/1963 alle meine großen Pflanzen vernichtete. Da ich seitdem in dieser Gegend wunderschöne Exemplare gesehen habe, die den Winter überlebt haben, vermute ich, daß eine geschützte Lage die Erfrierungsgefahr bannen kann.

Man sollte bei der Anlage einer Laubrabatte keinesfalls auf ein paar verstreute große Pflanzen der Wolfsmilch *Euphorbia wulfenii (E. characias* ssp. *wulfenii)* oder einer ihrer nächsten Verwandten verzichten. Um ganz sicher zu gehen, daß ihre Sämlinge sortenrein sind, gibt es nur die Möglichkeit, die Mutterpflanze allein für sich zu setzen. Wird einem anderen Typ ein Platz neben der genannten Art eingeräumt, können die künftigen Generationen alle möglichen Züge aufweisen. Mich persönlich stört das nicht, solange ich es weiß. Mir haben diese verstreuten Kinder schon so manche hübsche Überraschung beschert. Am einfachsten wäre es vielleicht, all diese Pflanzen Wulfenii-Hybriden zu nennen – eine Bezeichnung, die alle Variationen einschließt. Die Gärtnereien sind übrigens nicht glücklicher dran als die Privatgärtner. Als *E. wulfenii* habe ich schon die braunäugige *E. sibthorpii* und die kompakte schwarzäugige *E. characias* bekommen. Letztere beansprucht übrigens viel Platz. *E. wulfenii (E. characias* ssp. *wulfenii)* – falls man die echte gefunden hat – kann mit ihren 1,50 m hohen Stielen ziemlich dünn und schmächtig sein. Ein Exemplar, das mir ein Experte zeigte, hatte orangefarbene ›Augen‹, und nach diesem Merkmal halte ich jetzt Ausschau. Mit ihren blaugrauen Blättern sehen diese Euphorbien das ganze Jahr über reizvoll aus. Schöne Pflanzen der *E. wulfenii (E. characias* ssp. *wulfenii)* sind besonders attraktiv im Winter, wenn sich ihre Köpfe vor der Blüte neigen und alle in dieselbe Richtung blicken – sie erinnern mich dann an eine Schar langhalsiger Vögel.

Nach den Blaugrautönen kommen wir zu den richtigen Grautönen – den ziemlich hellen kleinen Blättern der *Hebe pinguifolia* ›Pagei‹ und den wolligen Blättern des Gottvergeß' *Ballota pseudodictamnus*. Die Strauchveronika treibt kleine weiße Blütenähren und breitet sich mit der Zeit teppichartig aus. Sie läßt sich auch gut an den Rand eines erhöhten Beets pflanzen, von dem sie herabhängen kann. Das Gottvergeß muß nach der Blüte kräftig zurückgeschnitten werden, da es sonst im Regen kläglich aussieht. Es befriedigt mich immer, wenn ich die langen Blütenähren abschneiden kann, bevor sie unansehnlich werden, obwohl die winzigen Blüten, die sich über die ganze Länge der Stiele in die wolligen Kelche schmiegen, auf ihre bescheidene Art sehr hübsch sind. Die Melde *Atriplex halimus* ist nur halbimmergrün, aber sie hält ihre Blätter lange Zeit. Obgleich sie am besten an der Küste gedeiht, wächst sie auch im Landesinnern recht gut. Noch mehr graue Pflanzen finden sich in der Familie der Weiden, so zum Beispiel *Salix lanata* und *S. eleagnos,* doch beide verlieren ihre Blätter.

Der Wermut, *Artemisia absinthium,* ist eine kräftige, holzige Pflanze, die sich üppig aussät und am Meer besonders gut gedeiht. Sie ist mehr grau als silbern, aber wenn man die

Blütenähren den ganzen Winter stehenläßt, bildet sie einen großen runden Horst, der mitunter einen Durchmesser von bis zu 1,50 m erreicht, weil die steifen Blütenähren 90 cm bis 1,20 m lang werden können und der kompakte silberne Hügel, aus dem sie herauswachsen, einen Durchmesser von 45 cm hat. Alle Artemisienblüten sind ähnlich: winzige Bälle, die an kleine Mimosenblüten erinnern. Die Blüten der verbesserten Sorte *A. a.* ›Lambrook Silver‹ sind ebenso gelb wie von *A. arborescens*. Bei *A. absinthium* dagegen nehmen die Blüten im Winter einen schmutzigen Gelbbraunton an. Die meisten schneide ich ab und erfreue mich an den silbernen Laubhügeln, aber zwischen den Steinen rings um die Rasenfläche oder hin und wieder als Akzent im Pflaster lasse ich sie stehen – weniger wegen ihrer Farbe, als vielmehr um ihrer schönen Umrisse willen.

Immergrüne Sträucher mit goldenen Blättern sind leicht zu finden, und für eine kleine Rabatte würde ich das langsam wachsende Geißblatt *Lonicera nitida* ›Baggesen's Gold‹ mit seinem schönen lockeren Wuchs auswählen. Die Ölweide *Elaeagnus pungens* ›Aurea‹ wird mit der Zeit recht groß, aber *E. p.* ›Dicksonii‹ mit seiner umgekehrten Blattönung (Gold mit grünem Rand) wächst deutlich langsamer. Alle Pflanzen mit goldenem Laub scheinen bei kaltem Wetter stärker zu leuchten, was vor allem bei *Salvia icterina,* der goldenen Form des Gartensalbeis *Salvia officinalis,* deutlich wird. Drei Pflanzen würde ich in einer Laubrabatte sehr großzügig verwenden: die goldene Form der Margerite *Chrysanthemum parthenium* (die sich in meinem Garten reichlich aussät und sofort verpflanzt wird, um als Folie für silbernes Laub zu dienen); Mr. Bowles' leuchtendes goldenes Flattergras *Milium effusum* ›Aureum‹; den Baldrian *Valeriana phu* ›Aurea‹, der im März golden schimmert, aber mit der vorrückenden Saison unmerklich grüner wird, bis er im Hochsommer wie jede andere Pflanze aussieht. Wenn also in irgendeinem besonderen Teil der Rabatte ›Sonnenschein‹ gebraucht werden soll, pflanzt man den Baldrian möglichst in die Nähe eines laubabwerfenden goldlaubigen

Baums wie etwa des goldenen Pfeifenstrauchs *Philadelphus coronarius* ›Aureus‹ oder der goldenen Schneebere *Symphoricarpos orbiculatus* ›Variegatus‹.

Silberne Pflanzen, die in allen Jahreszeiten attraktiv sind, müssen mit Sorgfalt ausgesucht werden. Von einigen Artemisien, darunter *A. absinthium* ›Lambrook Silver‹ und *A. stelleriana,* bleibt im Winter nur noch ein knorriges Gerüst. Auch die Strohblumen (Helichrysum) sehen nicht viel anders aus, mit Ausnahme des kleinen buschigen *Helichrysum splendidum* oder des breitblättrigen *H. siculum* (*H. serotinum*), das einen schönen runden Busch bildet, wenn es regelmäßig beschnitten wird. Das Heiligenkraut (Santolina) verträgt im Frühjahr einen drastischen Rückschnitt, und im Herbst sollten alte Blütenstiele und totes Holz entfernt werden. Die Blätter der blaßgelb blühenden *Santolina rosmarinifolia (S. neapolitana)* und *S. r.* ›Sulphurea‹ sind fast weiß und besonders stark gefiedert. Der Wollziest, *Stachys lanata (S. byzantina),* ist eine ausgesprochene Gutwetterpflanze und kann nach einem Regenguß recht kümmerlich aussehen. Die neue, nichtblühende Sorte *S. l.* ›Silver Carpet‹ ist meines Wissens für den Winter besser geeignet. Wenn die alte Art längst den jämmerlichen Anblick einer nassen Katze bietet, hat die Neuzüchtung schlimmstenfalls fleckige Blätter. Hier fällt mir eine weitere ziemlich gewöhnliche Pflanze ein, die dort erfolgreich ist, wo die edleren Gewächse scheitern. Ich meine die Vexiernelke, *Lychnis coronaria,* eine altbewährte Cottage-Garten-Blume, die sich manchmal vielleicht etwas zu stark aussät. Von Zeit zu Zeit suche ich die hübschen silbernen Rosetten – die dunkelkarminrote *L. c.* ›Abbotswood Rose‹ oder die weißblühende Form – zusammen und pflanze sie dorthin, wo zuverlässiges silbernes Winterlaub fehlt.

Königskerzen erfüllen den gleichen Zweck, nur in größerem Maßstab. *Verbascum olympicum* oder *V. bombyciferum* bilden Rosetten von nahezu 1 m Durchmesser, und *V. haenseleri* (mehr silbern als weiß) erreicht gewöhnlich einen Durchmesser von etwa 45 cm.

Immergrüne panaschierte Pflanzen, die sich alle gut für den naturnahen Garten eignen, wirken besser zwischen Steinen oder als Einzelstücke in einer niedrigen Bepflanzung. Ich liebe die verschiedenen Formen der panaschierten Buchse, aber sie sind entweder rund oder wachsen aufrecht und spielen dieselbe Rolle wie die Koniferen. Eine unbeschnittene Pflanze eines silbernen oder panaschierten Ligusters wirkt natürlicher und paßt besser in diesen Rahmen.

Ich wüßte keinen wirklich schönen rotblättrigen Strauch, der seine Blätter behält, obgleich die purpurfarbene Form des Gartensalbeis *Salvia officinalis* immergrün ist. In Gegenden mit sehr milden Wintern sollte man die purpurfarbene Form des Neuseeländer Flachses *(Phormium tenax)* versuchen. Ich schütze ihn an der Nord-, Süd- und Westseite mit nicht zu großen Sträuchern. Glücklich bin ich mit dieser Lösung nicht, aber ich hoffe darauf, daß er nach ein paar Jahren groß genug sein wird, um sich allein behaupten zu können. In einem Garten bei London gibt es ein riesiges Exemplar des grünlaubigen Neuseeländer Flachses, das nicht nur jeden Winter übersteht, sondern auch herrliche Blütenrispen hervorbringt, und soweit ich weiß, ist die purpurfarbene Form nicht weniger winterhart.

Es gibt ein oder zwei laubabwerfende Sträucher, die im Sommer gut als Kontrast dienen. Von der Größe der Rabatte ist es abhängig, ob man die purpurfarbene Lambertsnuß, *Corylus maxima* ›Purpurea‹, oder den karminroten Perückenstrauch *Cotinus coggygria* ›Rubrifolius‹ auswählt. Die Berberitze *Berberis thunbergii* ›Atropurpurea‹ sorgt für die gewünschte Tiefe, auch in einem kleinen Garten, denn es gibt eine Zwergform. An der Vorderfront eines erhöhten Beets nimmt sich der niedrige *Prunus × cistena* gut aus.

In einem kleinen Garten muß man auch die laubabwerfenden panaschierten Sträucher nach ihrer Größe auswählen. Einige Sträucher der Hartriegel-Familie sind wunderschön, werden aber mit der Zeit sehr groß. Ich kenne eine schöne Rabatte, in der mit einem *Cornus alba* ›Argenteomarginata‹ eine purpurblättrige Berberitze besser zur Geltung gebracht werden sollte. Nach wenigen Jahren ist der Hartriegel so groß geworden, daß er die Berberitze allmählich erdrückt und die Rabatte beherrscht. Vermutlich wäre die panaschierte Form des Pfeifenstrauchs *Philadelphus coronarius* geeigneter gewesen, denn sie wächst sehr langsam und muß noch dazu etwas beschnitten werden, damit sie in Form bleibt. Die panaschierte *Kerria japonica* wächst mehr in die Breite als in die Höhe, und die gefährlichen Absenker sollten mit einem scharfen Spaten abgetrennt werden. Außerdem sollte man ein Auge auf die Zweige haben, die wieder in den Grünton zurückfallen. Das gleiche gilt für die goldene Schneebeere, wohingegen die kleinere, weniger spektakuläre Form der Schneebeere *Symphoricarpos orbiculatus* mit ihren grünen Blättern mit schmalem silbernem Rand bis jetzt offenbar keine Absenker bildet. Ich wünschte, sie täte es, und ich wünschte weiter, ihre silberne Zeichnung wäre deutlicher. Die Panaschierung ist so zart, daß man sie kaum bemerkt. Die panaschierte Brombeere kommt an der Vorderfront der Rabatte gut zur Geltung. Die Spitzen ihrer langen Triebe können in etwas Sand und Torf eingegraben und angepflockt werden, damit sie neue Wurzeln bilden.

Falls ein oder zwei weitere laubabwerfende Sträucher in das Schema passen, sollte man solche auswählen, die im Winter schöne Silhouetten bilden. Der Sumach *Rhus potaninii* entwickelt sich zu einem bezaubernden kleinen symmetrischen Baum mit schön gezeichneter Rinde. Er bildet einige Ausläufer, und ringsherum erscheinen ein paar wilde Triebe, aber er ist in dieser Beziehung weit weniger ungebärdig als der Hirschkolbensumach, *R. typhina*. Diese Triebe färben sich genauso prächtig wie die Mutterpflanze, und man wird leicht ein passendes Zuhause für sie finden.

Eine Weide, die über niedrigeren Pflanzen gut zur Geltung kommt, ist die chinesische Trauerweide *Salix babylonica* ›Crispa‹. Ihre schmalen Blätter rollen sich nach unten und kringeln sich um die Zweige des Strauchs.

Die korkenzieherartigen Zweige der Weide *Salix matsudana* ›Tortuosa‹ bieten im Winter eine interessante Silhouette. Leider wird die Weide nach sechs bis acht Jahren ziemlich groß und benötigt sehr viel Platz. Es gibt noch ein anderes Gehölz mit gedrehten Zweigen, das verhältnismäßig langsam wächst, aber überlegt plaziert werden muß. Ich meine die Korkenzieherhasel, *Corylus avellana* ›Contorta‹, die indes belaubt nicht eben elegant aussieht. Genaugenommen wirkt sie sogar buckelig, weshalb sie den Sommer über besser zwischen anderen Laubpflanzen verborgen bleibt. Im Winter dagegen sollte nichts ihre Silhouette beeinträchtigen, jede Drehung ihrer hübschen braunen Zweige sollte sichtbar sein. Noch eindrucksvoller ist sie, wenn ihre blassen Kätzchen von den Zweigen herabhängen. Einige Besucher hat dieser Busch so sehr fasziniert, daß sie mich nach seinem Namen fragten. Er sehe aus, beschrieben sie ihn, als ob Schlangen hinein- und herauskröchen. Zunächst wußte ich nicht, welche Pflanze sie meinten, aber als ich die Scheinhasel noch einmal ansah, wunderte ich mich, daß nicht auch mir diese Ähnlichkeit aufgefallen war. Die glatten, braunen Zweige erinnern wirklich an äußerst rege kleine Schlangen, die sich durch das Laub winden, so daß man glauben könnte, der ganze Strauch sei bewohnt.

Ein anderes laubabwerfendes Gehölz, das im Schmuck seiner Kätzchen einen eindrucksvollen Anblick bietet, ist die Grauerle, *Alnus incana* ›Aurea‹. Sie wächst nur langsam und hat gelbe junge Triebe sowie gelbe Blätter. Die farbenprächtigen Kätzchen sind auffallend rot getönt.

Die großen weißen Beeren der Schneebeere *Symphoricarpos* ›Constance Spry‹ wachsen in Scheinähren an den Enden der elegant überhängenden Zweige und schmücken den Strauch während des Winters.

Eine purpurblättrige Weigelie ist im Sommer äußerst attraktiv, verliert im Winter aber leider ihre Blätter. *Weigela florida* ›Foliis Purpureis‹ ist ein kompakter, langsam wachsender Strauch, der gut zur Wolfsmilch *Euphorbia wulfenii (E. characias* ssp. *wulfenii)* oder zum Frauenmantel *Alchemilla mollis* paßt. Die Schönheit des purpurnen Laubs wird von rosa Blüten noch unterstrichen.

Wenn die Hauptbepflanzung der Rabatte abgeschlossen ist, braucht es vermutlich noch die eine oder andere Pflanze als ›Lückenfüller‹. Zwischen grün- und goldlaubige Gehölze paßt sehr gut der langsam wachsende, kriechende Spindelstrauch *Euonymus fortunei* ›Silver Queen‹ mit seinen panaschierten Blättern. Das schöne blaue Stachelnüßchen *Acaena adscendens,* das nicht ganz so langsam und auch nicht ganz so ordentlich wächst, tummelt sich gern zwischen Sträuchern und schafft sehr reizvolle Farbbilder, wenn es seine blauen Blätter vor purpurfarbenem oder limonengrünem Laub ausbreitet. Das kleinere blaugraue Stachelnüßchen, das dem verstorbenen Edward Augustus Bowles zugeschrieben wird, hat sehr dunkle Stiele und ist nicht ganz so farbenprächtig. Ich kombiniere es gern mit Bronzetönen, etwa dem Rotgold der kleinen Konifere *Thuja occidentalis* ›Rheingold‹ oder mit der Strauchveronika *Hebe armstrongii.* Die golden panaschierte Form des Porzellanblümchens, *Saxifraga umbrosa (S. × urbium),* und die gold-grün gescheckte Winterkresse, *Barbarea vulgaris* ›Variegata‹, harmonieren mit grauen oder silbernen Pflanzen.

10. KAPITEL

Ein Silbergarten

Ein weiterer Teil meines Gartens, der für sich selbst sorgt, ist der silberne Garten. Eigentlich hatte ich nie die Absicht, dieses Thema zu gestalten, denn ich ziehe silberne Pflanzen überall dort im Garten, wo ich die Rabatten im Sommer aufhellen und im Winter beleben möchte.

Im größten Teil meines Gartens habe ich es mit schwerem Lehmboden zu tun, der bei nassem Wetter schwierig wird und bei Trockenheit so hart wie Beton ist. Auf einem leichten, nach Süden ausgerichteten Abhang ist der Boden dagegen sehr karg, und obwohl ich dort viele Dinge, einschließlich Gemüsen, gezogen und den Boden verbessert habe, wollte dort nichts gedeihen. Als ich darüber nachdachte, was ich aus diesem kleinen Stückchen machen könnte, fielen mir die silbernen Pflanzen ein. Da kleine Pflanzen in meinem schweren Boden nicht so gut gedeihen – ich setze sie nach Möglichkeit in erhöhten Beeten der vollen Sonne aus –, kam ich auf die Idee, der karge Boden der ›Südhänge‹ könnte ihnen zusagen.

Dieser Gartenteil liegt unterhalb eines ehemaligen kleinen Obstgartens, in dem jetzt nur noch ein paar Sträucher im Gras stehen. Auch hier gibt es eine silberne Ecke, die sich als Ausgangspunkt für meinen kleinen Silbergarten anbot. Eine Gruppe Silberbirken wurde im Laufe mehrerer Jahre angepflanzt, um uns ringsherum von den Häusern abzuschirmen.

Zu Füßen der Bäume wachsen Narzissen, und mit der Zeit hat sich ein silberner Teppich aus panaschierten Taubnesseln *Lamium galeobdolon* ›Variegatum‹ (*Lamiastrum galeobdolon* ›Variegatum‹) ausgebreitet, der am schönsten aussieht, wenn die silbernen Blätter aufregend glitzern und leuchten. Die Narzissen sprießen durch die Taubnesseln, und meine einzige Arbeit besteht darin, die Blütenköpfe der Narzissen abzuschneiden und Hände voll Taubnesseln auszureißen, wenn sie den kleinen gepflasterten Weg bedecken und auch noch die Wiese erobern wollen.

Im silbernen Garten steht ein Apfelbaum, der zusammen mit den Birken den oberen Gartenbereich beschattet, während sich der Rest des Gartens in der Sonne wärmt. Wir geben hier niemals Kompost auf die Erde, pflanzen aber auch hier wie gewohnt mit Sand und Torf, damit der Boden auf Dauer leicht wird – zumindest hoffe ich das.

Der Garten ist im Patchworkmuster angelegt, aus unregelmäßigen Flächen, die durch schmale, mit Trittsteinen belegte Wege voneinander getrennt sind. Ich war froh, daß ich für diesen Zweck Stücke von Hamstone-Platten bekommen konnte. Früher waren die Dächer vieler Häuser in der Gegend mit großen dünnen Steinplatten belegt, die alle mit einem Loch versehen waren, um sie auf dem Dachstuhl zu befestigen. Wenn auch leicht unregelmäßig in der Form, sind sie doch etwa gleich groß, rund 30 cm diagonal (das ist weniger als ein Viertel der ursprünglichen Plattengröße).

Wege dieser Art sind aus mehreren Gründen vorteilhaft. Man kann durch die Beete laufen, ohne darauf achten zu müssen, wie der Boden gerade beschaffen ist. Die Platten können hochgehoben werden, wenn Unkraut auftaucht, und man kann sie leicht versetzen, wenn die Größe der Bepflanzungsflächen geändert werden soll.

Nichts in diesem Garten verlangt besondere Aufmerksamkeit und Pflege, wenn er einmal bepflanzt und gut gewässert worden ist, mit Ausnahme der hohen Artemisien. Man kann schlecht auf sie verzichten, weil zwischen die niedrigen Pflanzen ab und zu auch ein paar hohe gesetzt werden müssen. Manche Gärtner zwicken die Artemisien *A. ludoviciana* und *A.* ›Silver Queen‹ aus, damit sie nicht blühen, doch so ist man ständig beschäftigt. Viel einfacher ist es abzuwarten, bis die Pflanzen 30 cm hoch sind und sie dann auf ungefähr 15 cm herunterzuschneiden. Wenn man so vorgeht, wird die Blütezeit hinausgezögert, und die Artemisien entwickeln sich zu niedrigen kräftigen Pflanzen, ohne die unordentlichen, schmächtigen Stiele zu treiben, die man nur schwer unter Kontrolle bringen kann.

Keine der gängigen silbernen Pflanzen benötigt eine Stütze, nicht einmal *Artemisia absinthium* ›Lambrook Silver‹ mit ihren großen ›Federn‹ aus gefiedertem Laub, es sei denn, sie wüchse zu nah an einer Rasenfläche und müßte vor Schaden bewahrt werden. Die Zwergformen bilden wogende Horste, so zum Beispiel *A. canescens* oder *A. discolor*, oder sie bedecken den Boden mit silbernen Matten wie *A. pedemontana* und *A. schmidtiana*. Den meisten Raum in diesem Garten nehmen kleine, niedrige Pflanzen ein, aber hin und wieder findet man dort auch ein großes Exemplar des Kreuzkrauts *Senecio leucostachys* ›White Diamond‹ oder *S. bicolor (S. maritimus, S. cineraria)*. Auch sie müssen nicht abgestützt werden, ebensowenig wie die Flockenblume *Centaurea gymnocarpa*. Die strauchigen Senecio-Arten *S. laxifolius* und *S. monroii* bilden mit ihren silbernen Laubhügeln einen schönen Kontrast zu den flachen Chrysanthemum-Arten *C. haradjanii* und *C. poterifolium*. Die Strohblumen entwickeln sich zu buschigen Pflanzen von ungefähr 30 cm Höhe. *Helichrysum siculum (H. serotinum)* mit breiteren Blättern hat einen schöneren Wuchs als *H. italicum (H. angustifolium)*, die etwas schütter werden kann. Obgleich die strauchigen Strohblumen *H. trilineatum* oder *H. alveolatum*, die man heute unter dem botanischen Namen *H. splendidum* zusammenfaßt, niemals sehr groß werden, können sie doch eine Höhe von 60 cm erreichen; außerdem sind sie erstaunlich winterhart. In einem anderen Gartenteil lasse ich die halbimmergrüne *Clematis integrifolia* durch diese Strohblume wachsen. Ihre dunkelblauen Blüten kommen vor dem silbernen Laub wunderbar zur Geltung, und da die Clematis recht schwache Stiele hat, ist die Verbindung äußerst vorteilhaft.

Die verschiedenen Formen der Vexiernelke, *Lychnis coronaria*, die sich überall im Garten aussäen, werden gesammelt und zusammengepflanzt. Da ich ja weiß, neben welcher Mutterpflanze sie gestanden haben, weiß ich auch, wie sie blühen werden. Am üppigsten breitet sich die dunkelmagentarot-rosafarbene *L. c.* ›Abbotswood Rose‹ aus, dicht gefolgt von einer Sorte mit leuchtendrosa getönten Blüten. Die reinweißen Sorten sind mit ihren Samen bei mir nicht so freigebig.

Ich ziehe drei verschiedene Varietäten des Perlpfötchens (Anaphalis) in dem silbernen Garten. Die niedrige und kompakte Form, die bei mir wächst, ist *Anaphalis triplinervis*, deren Unterschied zu *A. nubigena* mir nicht bedeutend genug erscheint, als daß ich beide ziehen müßte. Der Silberimmortelle, *A. margaritacea*, die Ausläufer bildet, bleibt die eine Hälfte des Gartens vorbehalten, die hohe *A. margaritacea* var. *yedoensis* ist mit der anderen zufrieden. Dieses Perlpfötchen ist besonders schön im Winter, da es wie die ganze Familie monatelang seine dauerhaften Blüten behält. Seine kräftigen, 90 cm langen belaubten Stiele sind besonders eindrucksvoll, wenn der Wind durch die zweifarbigen Blätter (grau auf der Ober- und silbrig auf der Unterseite) streicht.

Da blaugraues Laub die Leuchtkraft silberner Pflanzen noch verstärkt, habe ich mehrere schöne Horste der Wolfsmilch *Euphorbia wulfenii (E. characias* ssp. *wulfenii)* in verschiedenen Sorten – noch mehr davon möchte ich nicht haben – und einen großen Fleck der *Hertia cheirifolia (Othonnopsis cheirifolia)* im silbernen Garten. Letztere ist eine blaugraue, fleischige Pflanze, die sehr früh im Jahr dicke gelbe ›Gänseblümchen‹ hervorbringt. Sie ist ideal für einen heißen, trockenen Standort.

Auch die Nelken zeigen blaugraues Laub, und ich habe viele alte Sorten zwischen den silbernen Pflanzen stehen, die ich alle aus kleinen Stecklingen gezogen habe. Da wächst *Dianthus* ›Thomas‹ mit gefüllten altrosa Blüten und *D.* ›Brympton Red‹, die ihre 30 cm langen Stiele mit leuchtend karminroten Blüten schmückt. Die etwas kohlartigen Blüten des *D.* ›Rose de Mai‹ in einem blassen Rosa haben das typische Aussehen der Cottage-Blumen; *D.* ›Sam Barlow‹ ist eine alte Nelke mit kastanienbrauner Mitte auf weißem Grund, während *D.* ›Argus‹ kleiner ist und Blüten mit karminroter Mitte trägt. Hier gedeihen auch wie mit Spitzen gerandete Nelken und die ungefüllte weiße Nelke mit grünem Auge *D.* ›Chas. Musgrave‹ neben ihrer gefüllten Form *D.* ›John Grey‹. Die »Maultiernelken« bringen eine grüne Note in das Silberthema. *D. multiflorus* mit leuchtend kirschroten Blüten fühlt sich hier besonders wohl.

Der elegante graublaue Blaustrahlhafer *Helictotrichon sempervirens* sorgt für Höhe. Ich mag es am liebsten, wenn ein einzelner Horst zwischen niedrige Pflanzen gesetzt wird. Auf diese Weise kann man die ganze Schönheit dieses Grases – sein wunderbares Laub und die überhängenden Blütenrispen – unbeeinträchtigt genießen.

Panaschierte Pflanzen werden in anderen Gartenteilen gezogen, aber drei Thymiane haben im Silbergarten Platz gefunden, weil sie dieselben heißen und trockenen Verhältnisse wie die silbernen Pflanzen lieben. *Thymus × citriodorus* ›Silver Queen‹ mit seinen weiß-blaßgrünen Blättern entfaltet den für diese Art so typischen köstlichen Zitronenduft. Auch die goldgescheckte Form gehört zu dieser Spezies, aber ›Silver Posie‹ ist die panaschierte Form von *T. vulgaris*. Statt des köstlichen Zitronendufts verbreitet er den charakteristischen ›muffigen‹ Geruch.

11. KAPITEL

Naturnahe Beetgestaltung mit Einjährigen

Der strenge Typ der Sommerblumenbepflanzung – Einfassungen oder ganze Beete, die sorgfältig mit gut gezogenen ein- oder zweijährigen Pflanzen gefüllt werden – ist für einen naturnahen, pflegeleichten Garten nicht geeignet. Die Aufzucht dieser Pflanzen nimmt Zeit in Anspruch und macht Arbeit. Außerdem müssen rechtzeitig Freiräume geschaffen werden, und Teppichbeete mit gleichförmigen Pflanzen in regelmäßigen Abständen würden in einer möglichst naturbelassenen Umgebung deplaziert wirken.

Es gibt aber keinen Grund, warum in einem naturnahen Garten nicht auch einjährige Pflanzen verwendet werden sollten, vorausgesetzt man paßt sie dem Grundmuster des Gartens an. Wenn die anderen Pflanzen ineinanderwachsen und sich miteinander verschlingen, müssen sich die bescheidenen kleinen Lückenfüller genauso verhalten. In den Gärten mit den typischen Sommerbeeten sind die Pflanzen so perfekt gezogen, daß sie in jedem Detail zusammenpassen, wohingegen selbst ausgesäte Sämlinge oder Pflanzen, die in situ ausgesät werden, sich nie so völlig gleichen, daß eine Bepflanzung monoton wirken könnte.

In einem Jahr hatte ich großen Erfolg mit Echium, dem Natternkopf. Damals habe ich eine niedrige Hybridenmischung ausprobiert, die viele zarte Blau-, Lavendel- und Rosatöne enthält, Farben, die den Eindruck vermitteln, daß die ganze Pflanzung unter einem dünnen Nebelschleier liegt. Für Echium nehme ich die größten Lücken zwischen höheren Pflanzen, bedecke den Boden mit Sand oder Torf und streue den Samen aus. Die Annuellen werden ausgedünnt, wenn sie noch ziemlich klein sind, und entwickeln sich danach zu buschigen Pflanzen, die sich miteinander und mit den Pflanzen ringsherum verbinden. An Stellen, wo eine einzelne Farbe besser ist als eine Mischung, ziehe ich *Echium vulgare* ›Blue Bedder‹ mit leuchtenden dunkelblauen Blüten oder *E. wildpretii,* der sich mit blaßroten Blüten schmückt. In der Regel tauchen jedes Jahr danach an der gleichen Stelle wieder ein paar Sämlinge auf, und nur wenn sie zu weit auseinander stehen, pflanze ich sie zusammen, um sie besser zur Geltung zu bringen.

Auch die Schleifenblume (Iberis) ist eine leicht zu ziehende Pflanze, die einfach in Lücken zwischen anderen Pflanzen ausgesät werden kann. Wie bei Echium bevorzuge ich die niedrige Mischung, und dunkle Ecken helle ich gern mit der ausgezeichneten weißen Art *Iberis umbellata* var. *albida* ein wenig auf.

Eine schöne Pflanze, mit der man gut dunkle Stellen auf einer Böschung oder in einem Steingarten füllen kann, ist die leuchtendblaue Dreifarbige Winde, *Convolvulus tricolor* ›Royal Marine‹. Ihre übergroßen Blüten heben sich gegen den teppichartigen Wuchs der Pflanze deutlich ab.

Dunkle Ecken mit kargem Boden belebt die problemlose südafrikanische *Cotula barbata.* Sie hat hellgrünes Laub und ist im Sommer mit kleinen, runden, dunkelgelben Blütenköpfen bedeckt.

Eine Pflanze, die ich niemals aussäen muß, ist das gewöhnliche weiße Steinkraut *Lobularia maritima (Alyssum maritimum).* Einerlei, wo es im Vorjahr gestanden hat – im nächsten Jahr haben wir immer genügend Pflanzen, um alle Lücken damit ausfüllen zu können. Mit seinem reichen Blütenflor und den zarten, schmalen Blättern paßt es gut zwischen dunkles Laub, und sein feiner Honigduft ist immer angenehm.

Unter den vielen Annuellen gibt es eine, die ich immer als fertige Pflanze kaufe. Sie kommt an den vorderen Rand des Beets und breitet sich dann teppichartig zwischen den Stauden aus. Es ist die einfache kleine blaue *Lobelia erinus* var. *compacta,* die in regelmäßigen Abständen zwischen anderen Beetpflanzen äußerst steif wirkt; zieht man sie aber wie einen unregelmäßigen Teppich, ist sie von ganz anderer Wirkung. Im Laufe der Wochen breiten sich die Pflanzen aus, bis sie sich mit den Nachbarn vermischen, und sie blühen in der Regel bis zum ersten Frost. Am besten gefällt mir die blaßblaue Sorte ›Cambridge Blue‹, aber irgendwo im Garten habe ich immer auch ein paar Exemplare der gewöhnlicheren dunkelblauen Sorte.

Manche Sommerblumenbeete in unseren Parks werden auch mit Laubpflanzen gestaltet. Diese Art der Bepflanzung kann sehr reizvoll aussehen, vor allem, wenn sie einen zwanglosen Hintergrund für größere Gewächse bildet und nicht in einem geometrischen Muster angelegt ist.

Ich setze mit Vorliebe Silber und Gold zusammen, und da ich mehr große silberne als goldene Pflanzen im Garten habe, brauche ich dringend noch mehr goldblättrige Laubpflanzen. Zu den fröhlichsten Pflanzen in meinem Garten gehört die goldene Form des *Chrysanthemum parthenium* mit leuchtend goldenen Blättern. Wenn man sie einmal angesiedelt hat, kommt sie jedes Jahr wieder. Ich sammle regelmäßig die Sämlinge ein und pflanze sie zusammen unter die Strohblume *Helichrysum siculum (H. serotinum)* und die Artemisie *A. absinthium* ›Lambrook Silver‹.

Im Winter sind goldfarbene Blätter am wertvollsten, und dann ist auch der Baldrian *Valeriana phu* ›Aurea‹ am schönsten. Genaugenommen ist er eine ausdauernde Pflanze, die aber leicht aus Samen gezogen werden kann. Zu Beginn des Winters sind seine Blätter noch gelbgrün, doch allmählich wird ihr Farbton kräftiger, und wenn der März gekommen ist, sind sie leuchtendgold und beherrschen die Rabatte. Wenn der Baldrian im späten Frühjahr austreibt, sind seine Blätter grün, und da er im Laufe der Zeit, wenn er seine weißen Blüten hervorbringt, vollkommen grün wird, fällt er zwischen den ihn umgebenden Pflanzen auch nicht besonders ins Auge. Aber nicht nur die Farbe, auch die Form seiner Blätter ist faszinierend. Anfangs sind seine Blätter an den Enden gerundet wie bei einem Erigeron. Sind sie dann größer, wirken sie nahezu gefiedert wie bei einer Centaurea. Die Pflanzen können mehrmals geteilt werden, und wenn man ein wenig Geschick entwickelt, läßt sich mit einem kleinen Horst fast ein ganzer Quadratmeter nackter Erde bedecken. Abgesehen von dem Garten, aus dem ich meine erste kleine Pflanze geschenkt bekam, habe ich diesen Baldrian noch niemals woanders gesehen und auch nie von ihm gehört. Bis zu dem Tag, an dem ich in Nottingham einen Vortrag hielt. Als auf der Leinwand ein Bild meiner Pflanze erschien, erzählte mir eine Dame aus dem Publikum, sie kenne einen Cottage-Garten, der voll davon sei. Später zeigte ich noch ein Dia von dem seltenen gefüllten Rittersporn *Delphinium* ›Alice Artindale‹, den man gleichfalls, wie mir berichtet wurde, in Nottinghams Gärten häufiger entdecken könne. So kam ich zu dem Schluß, daß man sich auf der Suche nach einer seltenen Pflanze am besten nach Nottingham begeben sollte.

Manchmal bringt ein dunkler Hintergrund Pflanzen mit hellem Laub erst richtig zur Geltung. *Lavandula stoechas* komponiert eine zarte Symphonie aus Grau- und Lavendeltönen, und als Unterpflanzung verwende ich das Habichtskraut *Hieracium praecox* mit spitzen Blättern in einem so intensiven Dunkelbraun-Karminrot, daß sie nahezu schwarz wirken. Auch *Perovskia atriplicifolia* paßt gut zu dem Habichtskraut. Wie alle Habichtskräuter sät sich auch diese Art so unmäßig aus, daß man – selbst auf die Gefahr hin, andere Arbeiten nicht erledigen zu können – regelmäßig die Samenköpfe abschneiden muß, da sonst der ganze Garten mit der Zeit von einem dunklen Teppich bedeckt sein wird.

Unter den großen Pflanzen der Wolfsmilch *Euphorbia wulfenii (E. characias* ssp. *wulfenii)* oder der Weinraute *Ruta graveolens* kann eine zurückhaltende Bepflanzung mit dunkelkarminrotem Laub zur Schönheit des Bildes beitragen. Der Günsel *Ajuga reptans* ›Multicolor‹ bzw. *A. r.* ›Rainbow‹ hat metallisch glänzende karminrote Blätter, und auch Mr. Bowles' dunkelpurpurner Wegerich läßt sich gut als Unterpflanzung verwenden, solange man die Blütenähren möglichst gewissenhaft abschneidet.

Wenn mir an einem glänzenden, dunkelgrünen Laub gelegen war, habe ich auch schon *Veronica gentianoides* wie eine Beetpflanze verwendet und mit *Bellis perennis* ›Rob Roy‹ zusammengepflanzt. Das Tausendschönchen *B. p.* ›Alba‹ kombiniere ich gern mit Gelb. Die goldgefleckten Rosetten des Steinbrechs *Saxifraga × urbium* ›Variegata‹ sind schöne Lückenfüller an den Beetecken, wenn man dort etwas Niedriges und Kompaktes haben möchte. Selbst die gefüllte Bartnelke, *Dianthus barbatus* ›Flore Pleno‹, mußte schon dazu herhalten, einen kräftig karminroten Rahmen für die neblig blauen Katzenminzen oder für *Amsonia tabernaemontana* zu bilden.

12. KAPITEL

Zähmung der Exoten

Die meisten unserer Gartenpflanzen stammen zwar ursprünglich aus fremden Erdteilen, machen aber in unseren Beeten und Rabatten den Eindruck, als wären sie hier zu Hause. Doch ein paar Pflanzen haben ihre Fremdartigkeit bewahrt.

Angesichts der Palmlilie (Yucca) bin ich immer im Zweifel, ob sie wirklich in eine gewöhnliche gemischte Rabatte paßt. Yuccas sind so wertvolle Pflanzen für Einzelstellungen oder ein spezielles Gartenthema, daß sie meines Erachtens nicht zu stark domestiziert werden sollten. Wo man sie auch plaziert, sie sollten immer genügend Freiraum haben, denn ihre Schönheit beruht vor allem auf ihrer spitzen Form.

Ich komme regelmäßig an zwei Gärten vorbei, wo man Palmlilien auf Grasböschungen gepflanzt hat. Genau dort passen sie hin, sogar in großem Maßstab, und sie gedeihen mit einem Minimum an Pflege. Ich ziehe eine *Yucca filamentosa* var. *concava* am obersten Ende einer Steintreppe, die zu einem höheren Gartenteil führt, und meine Fürsorge beschränkt sich auf einen kräftigen Bambusstab – er stützt die Blütenrispe kaum, dafür bringt er sie Besuchern ins Bewußtsein, die sie sonst als Haltegriff beim Treppensteigen mißbrauchen – und das Entfernen des verwelkten Blütenstands.

Palmlilien passen besonders gut in einen gepflasterten Garten, wo ihre imposante Gestalt richtig zur Geltung kommen kann, oder auch in einen Garten, den ich, weil mir keine bessere Beschreibung einfällt, einen ›stacheligen Garten‹ nennen möchte. Ich kenne einen solchen Garten in Schottland, inmitten eines größeren ummauerten Areals. Er ist nicht nur perfekt angelegt, er ist auch arbeitsparend, da alle Pflanzen darin viel Raum benötigen und kaum gepflegt werden müssen.

Es gibt eine große Auswahl an Palmlilien, aber *Yucca filamentosa* wird wohl am häufigsten gezogen. Sie hat diesen Namen natürlich wegen der fadenähnlichen Strähnen an ihren Blatträndern. Im Volksmund heißt sie »Adam's Needle« (Adams Nadel), und der verstorbene E. A. Bowles prägte den Namen »Adam's Needle and Thread« (Adams Nadel und Faden). *Y. filamentosa* und *Y. flaccida* – auch ihre Blätter sind ›behaart‹ – gelten in England als die niedrigsten Palmlilien. Sie werden hier selten höher als 1,50 m, während *Y. gloriosa* und *Y. recurvifolia* während der Blütezeit eine Höhe von 2,40 m erreichen können. Sie blühen aber nicht jedes Jahr. In der Regel muß man nach jeder Blüte zwei oder drei Jahre auf die Wiederholung dieses aufregenden Schauspiels warten und sich mit dem Laub zufriedengeben. Das ist nicht so schlimm, wie es vielleicht klingen mag, denn beide Arten sind auch ohne ihre Blüten imposant. Die steifen, spitzen Blätter der *Y. gloriosa* bilden eine prachtvolle Rosette, die als architektonisches Element dienen kann. Die Blätter der *Y. recurvifolia,* die länger und so weich sind, daß sie sich wieder nach unten neigen, bilden ein eindrucksvolles Muster.

Es gibt zwei Fackellilien, die gut zu Palmlilien passen, und zuweilen werden sie auch tatsächlich zusammengepflanzt. *Kniphofia northii* hat die massige Schönheit eines Elefanten. Sie wächst nicht aufrecht wie die anderen Fackellilien, sondern senkt ihre graugrünen Laubhügel auf den Boden und bildet überall gewaltige Rosetten. Die Blätter, die häufig fast 1 m lang sind, haben gebogene Ränder und bilden unterschiedliche reizvolle Formen. Im Vergleich zu dieser prachtvoll geschwungenen Linienführung scheinen die Blüten niemals schön genug zu sein. Sie sind nicht größer als bei den gewöhnlichen Fackellilien, und auch die Blüten meiner Pflanzen haben dem Schauspiel der Blätter kaum etwas entgegenzusetzen – mit Ausnahme der Farbe vielleicht, denn sie öffnen ihre korallenroten Knospen zu grünlich gelben Ährentrauben.

Die Fackellilie *Kniphofia caulescens* hat Ähnlichkeit mit *K. northii,* aber ihre graugrünen Blätter sind kürzer und erscheinen in Büscheln an den Enden der dicken Stiele. Diese Stiele werden gern mit Elefantenrüsseln verglichen. Sie liegen am Boden und bilden Wurzeln. Im September erscheinen dicke Blütenähren, die am Anfang in einem zarten Korallenrot getönt sind und später einen blassen grüngelben Farbton annehmen.

Manche Leute ziehen die Kardendistel *Morina longifolia* in gewöhnlichen Rabatten. Ich kenne auch Waldlandgärten, in denen sie den Eindruck erweckt, als ob sie sich dort wohl fühlte, aber sie kann auch ganz separat stehen oder in der Gesellschaft von spitzen, stacheligen Nachbarn. Die große grüne Rosette besteht aus distelähnlichen Blättern, die stacheliger wirken als sie tatsächlich sind. Die Blüten sind dagegen alles andere als Disteln. Sie tragen kleine Kappen, sind röhrenförmig und sitzen in Quirlen an kräftigen, 60 cm hohen Stielen. Am Anfang sind sie weiß, färben sich aber schnell zartrosa. Nach der Befruchtung werden sie karminrot. Ich habe es niemals übers Herz bringen können, diese schönen Blütenquirle abzuschneiden, da sie auch noch nach der Blüte, wenn die Samentaschen rings um die Stiele sitzen, ein reizvolles Bild bieten. Es wäre sicher sinnvoller, sie für ein Trockengesteck abzuschneiden, denn mit dem ersten Frost verabschieden sie sich ohnehin.

Fascicularia bicolor ist eine ausgesprochen stachelige und eigenwillig aussehende Pflanze. Schon lange bewundere ich ein Exemplar im West Porlock Garden von Norman Hadden, das dort aus einem steilen Hintergrund herauswächst. Ich habe niemals feststellen können, ob dieser Hintergrund eine Böschung oder eine Mauer ist, da er mit reizvollen

Pflanzen und großen Rosetten der Fascicularia vollständig bedeckt ist. Die langen, schmalen Blätter sind stachelig, und die Pflanze erinnert mich an eine Seeanemone, da sich die Blüte tief in der Mitte verbirgt. Diese stengellose Blüte öffnet ihre leuchtend porzellanblauen Blüten im Spätherbst, und danach färbt sich die untere Hälfte der umgebenden Blätter leuchtend rot. Ich denke, das hängt mit der Arterhaltung zusammen, denn diese fremdartige Pflanze, die aus Chile stammt, muß von Kolibris befruchtet werden. Als ich ein Exemplar geschenkt bekam, wollte ich einen besonders geschützten Platz dafür auswählen: Ich drückte es in ein Loch am Fuße einer Nordmauer, an die sich rechtwinklig eine andere Mauer anschließt. Ich habe nicht den Eindruck, daß es der Pflanze dort besonders gefällt, aber sie hat zumindest überlebt, blüht und färbt sogar ihre Blätter, wenn auch längst nicht so eifrig wie Mr. Haddens Exemplar. Vermutlich ist es ihr gleichgültig, ob sie Sonne oder Schatten hat. Die meisten Pflanzen aus Chile scheinen sich dagegen heimischer zu fühlen, wenn sie an einen schattigen Ort gesetzt werden, wo sie ab und zu ein paar Sonnenstrahlen erhaschen können. Der Boden sollte aber unbedingt karg und steinig sein.

Edeldisteln, die aus Südamerika kommen, sind im Vergleich zu denen, die wir in der Regel kennen, weniger domestiziert. Sie haben reizvolles dorniges Laub und winzige grüne oder champignonfarbene Blüten. Als erste blüht *Eryngium bromeliifolium* mit kleinen blaßgrünen Blüten, die durch weiße Staubfäden aufgehellt werden. *E. serra* hat ebenso breite Blätter wie eine Agave, und die Blüten sehen wie große Fingerhüte aus, die ungefähr 3,5 cm lang sind. Noch mehr Ähnlichkeit mit einer Agave hat *E. agavifolium,* die eine Höhe von 1,80 m erreicht. Ihre dornigen Blätter sind breiter als die anderen, und an den Stielen, wo die kleinen Blütenstengel erscheinen, sitzen dornige Brakteen. Die Blüten sind grün und etwas größer als bei *E. bromeliifolium*; leider ist die Pflanze nicht vollkommen winterhart. Das gleiche gilt für *E. pandanifolium,* die im Spätsommer blüht und ungefähr 3 m hohe, verzweigte Stiele hat. Ihre langen und schmalen Blätter können bis zu 1,80 m lang werden. Die winzigen, purpurfarbenen Blüten, die etwas größer als Erbsen sind, bilden eine eindrucksvolle Silhouette. Aber Hochmut kommt vor dem Fall, und ein Herbststurm kann die schwachen Stiele leicht knicken, selbst wenn sie gut abgestützt sind.

Sogar einige der europäischen Edeldisteln haben ein so individuelles Aussehen, daß sie in einen thematischen Pflanzplan passen. Die stark zerteilten Blätter der Edeldistel *Eryngium bourgatii* sind grau-weiß gefleckt, und die zarten blaugrünen Blüten schimmern silbrig. *E. variifolium* hat keine eingeschnittenen, sondern muschelförmige Blätter mit hervortretenden weißen Adern. Die kleinen dornigen Blüten in verblaßtem Grün sitzen stolz an aufrechten 45 cm langen Stielen. Lange Zeit konnte ich *E. alpinum* und ihre Hybriden nicht von *E. × oliverianum* (die aus dem östlichen Mittelmeerraum stammt) unterscheiden, bis mir ein befreundeter Gärtner riet, *E. alpinum* einmal anzufassen. Die blauen Blütenköpfe sehen ebenso dornig aus wie alle anderen, doch ich stellte überrascht fest, daß sie so weich sind wie Spitze, an die sie im übrigen auch erinnern.

Gräser können in einem Pflanzschema die gleiche Funktion erfüllen wie die spitzen, dornigen Disteln. Gewöhnlich wählt man für sie Standorte, wo sie sich über niedrigeren Bewuchs erheben können; sie beeindrucken aber auch als Solitärpflanze im Rasen oder in einem gepflasterten Bereich.

Es gibt mehrere immergrüne Gräser. Da ist zunächst unser alter Freund, das Pampasgras, *Cortaderia selloana (C. argentea)* zu nennen, das im Frühjahr gepflanzt und an eine exponierte Stelle gesetzt werden sollte. Viktorianische Gärtner waren gut beraten, wenn sie diese majestätischen Pflanzen vor einen dunklen Hintergrund setzten oder auf offener Szene zur Geltung brachten, aber sie gingen fehl, wenn sie sie in kleine Vorgärten zwängten. Ich sehe es gern, wenn sie ganz oben auf Böschungen stehen und ihre elfenbeinfarbenen, fedrigen Rispen herabwehen lassen, und auch vor dunklen Kirchhofeiben sehen sie prachtvoll aus. In kleineren Gärten ist *C. s.* ›Pumila‹ nicht zu groß, denn es wird nur 1,50 m hoch, während *C. s.* ›Sunningdale Silver‹ eine Höhe von 4,20 m erreicht. Die Blütenfedern von *C. s.* ›Rendatleri‹ lassen in ihrem Silberton einen Hauch von Rosa entdecken und zeigen im Vergleich zu den anderen Pampasgräsern einen weniger regelmäßigen Wuchs.

Der blaugraue Blaustrahlhafter, *Helictotrichon sempervirens,* ist insgesamt kleiner, aber dennoch groß genug, um an Standorten, wo seine Silhouette nicht durch andere Eindrücke gestört wird, angenehm aufzufallen. Seine langen, eleganten Blütenstiele verbinden sich wunderbar mit den Blättern. Mr. Bowles' goldenes Flattergras *Milium effusum* ›Aureum‹ ist ebenfalls immergrün und gedeiht am besten im Schatten. Ich ziehe es unter einem Apfelbaum und bin immer wieder fasziniert von den Sämlingen, die kaum größer sind als ein Stecknadelkopf und dennoch den gleichen leuchtenden Goldton aufweisen.

Manche Gräser sehen im Winter wenig attraktiv aus. Das Rohrglanzgras *Phalaris arundinacea* ›Picta‹ ist nicht sehr kräftig und wird schnell unansehnlich, deshalb schneidet man es am besten ab. Die Miscanthus-Varietäten behalten dagegen ihre Form, sie müssen nur gelegentlich kontrolliert werden, wenn sie an einer sehr exponierten Stelle stehen. Das weißbunte Chinaschilf *Miscanthus sinensis* ›Variegatus‹ hat viel Weiß in seinen gestreiften Blättern, das im Winter noch dominanter wird. *M. s.* ›Gracillimus‹ treibt schmale, graugrüne Blätter, und bei *M. s.* ›Zebrinus‹ zeigen die Blätter goldene Querstreifen. Die ›Zebrinus‹-Blüten erscheinen immer ziemlich spät, so daß sie kaum Zeit haben, sich vor dem ersten frühen Frost zu öffnen, aber selbst die bleichen Knospen sind im Winter attraktiv.

Eines der elegantesten kleineren Gräser ist das Pfeifengras *Molinia caerulea* ›Variegata‹ mit gestreiften schmalen Blättern in ca. 40 cm Länge und mit gefälligen überhängenden Blütenstielen. Dieses Gras sollte zwischen niedrigen Pflanzen oder im Pflaster stehen.

13. KAPITEL

Sträucher als Wirtspflanzen

Es hat immer Gärtner gegeben, die ihre Pflanzen nach Belieben ineinanderwachsen ließen, aber das waren die spezialisierten Sammler, die für ihre Seltenheiten Lebensbedingungen schaffen wollten, die sie auch in der freien Natur vorgefunden hätten. Inzwischen machen auch ›gewöhnliche‹ Gärtner von dieser Methode Gebrauch, denn wir haben entdeckt, daß wir auf diese einfache Weise unseren Gärten das gewünschte natürliche Aussehen verleihen können. Darüber hinaus sind die Pflanzen viel glücklicher, wenn sie nicht voneinander getrennt, sondern zusammen wachsen dürfen, und eine glückliche Pflanze ist auch immer eine gesunde Pflanze. Sich selbst überlassen, finden viele Pflanzen, die wir ziehen, sofort einen Partner und wachsen ineinander.

Wie stark dieses Bedürfnis nach Gemeinschaft ist, wird deutlich, wenn die Glyzine die eigens für sie angefertigten Kletterhilfen verläßt und sich an einem nahen Baum oder Strauch festklammert; wenn die zwergförmige Pfeifenwinde *Aristolochia sempervirens,* die wir als Bodendecker gepflanzt haben, sich emporreckt und die nächste Pflanze, die sie erreichen kann, als Stütze verwendet; oder wenn die Clematis sich lieber in ein Knäuel verheddert, statt sich über den Maschendraht auszubreiten, den wir für sie bereitgestellt haben. Mein Mann hat viel Zeit damit zugebracht, die

Clematisranken, die sich um einen anderen Trieb der Pflanze gewunden hatten, zu entflechten und zu dem kalten Maschendraht hinüberzuleiten, der ihnen verordnet war. Aber die Clematis mochte die lebendige Stütze immer lieber als die unnatürliche, und jeden Tag mußten die hartnäckigen Ranken aufs neue geduldig entwirrt und zu dem Maschendraht zurückgeführt werden.

Wenn es uns also gelingt, die Kletterpflanzen so zu plazieren, daß sie selbständig durch andere Pflanzen wachsen können, sparen wir eine Menge Zeit, und der Anblick, den sie bieten, wird sehr viel natürlicher anmuten. Viele Pflanzen, die wir als Mauersträucher ansehen, wirken reizvoller, wenn wir sie ungehemmt wachsen lassen. In New England erreicht die Jungfernrebe *Parthenocissus quinquefolia* die Spitzen der höchsten Bäume. Sie läßt auch ihre Ranken von Böschungen herabhängen und wächst über steinige Flächen, wobei sie auf ihrem Weg jeden gerade erreichbaren Strauch mit ihren Girlanden schmückt. Ihr botanischer Name bezieht sich natürlich auf die Form ihrer Blätter, die in der Regel aus fünf Blättchen bestehen und im Herbst herrliche Orange- und Scharlachrottöne annehmen.

Auch jene Pflanze, die wir immer als *Ampelopsis veitchii* kannten, die heute aber *Parthenocissus tricuspidata* genannt werden muß, leuchtet im Herbst in wundervollen Farben. Die glänzenden Blätter dieser Scheinrebe verändern sich mit dem Alter der Pflanze. Anstatt sie frei am Haus wachsen zu lassen, wo sie – sofern man es ihr erlaubt – Fenster bedeckt, unter die Dachtraufe kriecht und sich geschäftig unter den Ziegeln ausbreitet, ist es sicherer und bei weitem reizvoller, sie vor einem Laubhintergrund zu ziehen. Wenn sie über eine Hecke wächst, wie ich es schon gesehen habe, scheint sie noch aufregender zu leuchten. Sie kriecht durch Bäume und Sträucher, um auf den höchsten Zweigen wieder aufzutauchen. So wie sie im Herbst leuchtet die Kapuzinerkresse *Tropaeolum speciosum* den ganzen Sommer über, und nicht ohne Grund wird sie »Flame Flower« genannt. Bei Bekannten habe ich einen *Cotoneaster horizontalis* gesehen, der mit einer Kapuzinerkresse geschmückt ist, die sich ihren Weg durch die riesigen grätenartigen Fächer des Strauches bahnt.

Wenn man einmal die einjährige Kapuzinerkresse *Tropaeolum peregrinum* zieht, hat man sie immer, es sei denn, man wäre einer dieser außergewöhnlichen Gärtner, die alles zur richtigen Zeit tun. Ich bringe es nicht fertig, die langen, mit gelben Blüten bedeckten Ranken herauszureißen, solange sie noch Farbe haben, und natürlich gelangen immer ein paar Samen in den Boden. So gibt es also jedes Jahr ein Wiedersehen mit dieser unbekümmerten Pflanze, die alle erreichbaren Bäume und Sträucher mit Girlanden schmückt und hohe Stauden als Stützen verwendet, wenn sie zufällig auf ihrem Weg liegen.

Die Mutisia-Arten sind nicht ganz unproblematisch. Die meisten Gärtner sind der Meinung, daß sie am besten in einem guten Boden unter einem nicht allzu dichten Strauch gedeihen, durch den sie sich ihren Weg bahnen können, bis sie ans Tageslicht gelangen und hier ihre gänseblümchenähnlichen Blütenköpfe öffnen. *Mutisia decurrens* mit orangefarbenen oder zinnoberroten Blüten wird am häufigsten gezogen, aber sie ist keineswegs problemlos, denn sie ist ausgesprochen wählerisch in bezug auf ihren Standort. Ein ziemlich lockerer Strauch wie der Pfeifenstrauch scheint ihr am meisten zuzusagen. Die Blätter der *M. ilicifolia* erinnern an Ilex, und ihre Blüten sind entweder blaßlila oder rosa. *M. oligodon* hat große Ähnlichkeit mit *M. ilicifolia,* ist aber kompakter im Wuchs und blüht in wundervollem Rosa.

Akebia quinata ist eine viel entgegenkommendere Kletterpflanze. Sie scheint sich überall wohl zu fühlen und findet immer Anschluß. In meinem Garten hat sie von ihrem Standort auf einer Mauer aus sehr bald einen nahen Schmetterlingsstrauch erreicht und ›umgarnt‹. Dieser besondere Schmetterlingsstrauch ist eine panaschierte Form der *Buddleia davidii* ›Royal Red‹, und die dunklen, fünfzähligen Blätter der Akebia kommen zwischen den cremefarbenen Blättern gut zur Geltung. Ich habe auch schon gesehen, wie eine Akebia, die einen Schweinestall aus altem Ziegelwerk bedeckte, sich einen Echten Jasmin *(Jasminum officinale)*, der schon vorher dort gestanden hatte, zunutze machte und von da aus irgendwie das Zweigende eines Prunus umklammern konnte, um sich auch durch ihn ihren Weg zu bahnen. Die dunkel schokoladenbraun-roten Blüten der Akebia fallen nicht sehr ins Auge, sind aber hübsch anzuschauen, wenn man sie einmal eingehender betrachtet.

Bei einigen Kletterpflanzen sind die Früchte fast eindrucksvoller als die Blüten. Nur allzu gern würde ich eine Glockenrebe *(Cobaea scandens)* durch den Winter bringen. Diese Pflanze ist mehrjährig, aber nicht winterhart. Ich bin überzeugt, daß es in meinem Garten Standorte gibt, die ihr ausreichenden Schutz bieten, um einen milden Winter überstehen zu können. Mich faszinieren die lila oder blaßgrünen Blüten der *C. scandens,* und in einem Jahr erfreute sie mich mit dem Anblick großer grüner Samenkapseln. Sie hielten lange Zeit, genaugenommen ebenso lange wie die ganze Pflanze, denn leider kam sie nicht durch den Winter. Ich lasse die Glockenrebe frei an einer Mauer wachsen, die schon überreich mit Rosen, Clematis und Efeu berankt ist, da sie wie die Prunkwinde Ipomoea – ebenfalls eine schöne einjährige Kletterpflanze – die Gemeinschaft mit anderen Pflanzen liebt.

Auch die blaue Passionsblume, *Passiflora caerulea,* ist mehrjährig, aber nicht in allen Gegenden ganz winterhart. Ich ziehe sie in einer warmen Ecke, doch selbst in Somerset übersteht sie nicht immer den Winter. Manchmal kann es jedoch geschehen, daß sie unverdrossen wieder aus dem Boden stößt, obwohl ich sie längst aufgegeben hatte. Ihre Ecke bietet ihr eine Vielzahl lebendiger Stützen, denn an diese Stelle setze ich gern kleine Pflanzen, die ich im Auge behalten will. Wenn sie sich gut entwickeln, lasse ich sie dort stehen, und auf die Dauer wird die Ecke ziemlich überfüllt.

Der schlimmste Störenfried ist im Moment eine undisziplinierte *Stauntonia hexaphylla* – eine immergrüne Kletterpflanze, die in ihren Heimatländern Korea und Japan über

Bäume klettert. Und so hätte ich sie besser auch gezogen. Der von mir so liebevoll gehegte Steckling hat sich nämlich zu einer unbändigen Pflanze entwickelt, die sich in alle Richtungen ausbreitet. Wenn sie sich dazu entschließen würde, zum Dach des Gebäudes hinaufzuklettern, könnte sie sich bei mir sehr viel beliebter machen, weil es dann andere Kletterpflanzen in ihrer Nähe – ebenfalls aus Samen oder Stecklingen gezogen – leichter hätten. Die Stauntonia, die mit Vorliebe die Mauer verläßt und jedes lebendige Ding in ihrer Umgebung ergreift, hat unter anderem eine große Wolfsmilch *Euphorbia lathyris,* die hohen Stiele der Wiesenraute *Thalictrum dipterocarpum* sowie des Mädesüß *Filipendula palmata* als Stütze erkoren und führt die Passionsblume, die Scheinrebe *(Ampelopsis brevipedunculata* var. *maximowiczii; Vitis heterophylla)* und die *Clematis armandii* in ihrem Gefolge mit sich, die alle gelassen durch sie hindurch wachsen und der Mauer ein reizvolles Kleid überstreifen werden. Einige meiner Freunde haben die Geduld verloren und die Stauntonia aus dem Garten verbannt. Sie finden, keine noch so duftende elfenbeinfarbene, violett angehauchte Blüte sei den erbitterten Kampf mit dieser halsstarrigen Kreatur wert. Und mit Früchten kann man hierzulande nicht rechnen, wenn es auch hin und wieder eine magere Ernte purpurn getönter walnußgroßer wäßriger Beeren gibt.

Ausdauernde Wicken sind schöne Begleitpflanzen. Die Staudenwicke, *Lathyrus latifolius,* ist eine typische Cottage-Garten-Pflanze, die wieder beliebter wird. Da sie wenig Pflege braucht, paßt sie gut in einen arbeitsparenden Garten. In Cottage-Gärten steht meistens die leuchtendrote Sorte zusammen mit Rosen oder Jasmin am Tor. Es gibt noch eine andere Sorte mit dunkleren Blüten, genannt ›Pink Beauty‹, und eine weißblühende Form *L.l.*›White Pearl‹. Diese Pflanzen wachsen nicht nur aufrecht, sondern auch über den Boden und breiten zwischen niedrige Sträucher reizvolle Decken. *L.l.*›White Pearl‹ nimmt, zwischen Johanniskraut *Hypericum calycinum* gepflanzt, etwas von dem Gelb seiner

Blüten wieder auf, und beide zusammen bieten sich als Unterpflanzung einer großen Konifere an. Die rosa Varietät, die sich mit dunklem Laub gut macht, bildet einen schönen Kontrast zu der *Mahonia aquifolium (Berberis aquifolium)*.

Die Schönranke, *Eccremocarpus scaber,* ist für sich allein eine ziemlich schüttere Pflanze; wenn sie aber ihre langen, kahlen Ranken im Laub eines Strauchs verbirgt und zwischen den Blättern ihre orangefarbenen, karminroten oder gelben Blütentrauben herabhängen läßt, ist sie äußerst wirkungsvoll. Sie sät sich selbst aus, und ich lasse sie jetzt an meinem Malzhaus durch einen Feuerdorn, eine Säckelblume (Ceanothus) und einen Schneeball *Viburnum farreri (V. fragrans)* wachsen. Wenn sie noch etwas weiter klettert, warten dort schon eine Forsythie und die Kletterrose ›Pompon de Paris‹ auf sie.

Ich habe mir immer etwas Sorgen um meine langen, dünnen Cottage-Chrysanthemen gemacht, bis ich durch Zufall entdeckt habe, daß sie gern durch einen Strauch wachsen. Sie können sehr hoch werden, und selbst wenn man die Stiele frühzeitig sorgfältig abstützt, sind sie nicht kräftig genug, um sich halten zu können, so daß sie sich selten zu ansehnlichen Horsten entwickeln. Ich habe die Angewohnheit, Pflanzen eher zu dicht nebeneinander zu setzen, und so geriet irgendwann eine Ansammlung der bronzefarbenen Cottage-Chrysantheme in den Schatten der Strohblume *Helichrysum gunnii,* die größer geworden war, als ich erwartet hatte. Dieser Strauch mit seinen dunkelgrünen Blättern ähnelt so lange einer Heide, bis er seine kleinen samtigen Blüten öffnet und sein wahres Gesicht zeigt. Die Chrysantheme bahnte sich ihren Weg durch den Strauch und blühte sehr gut. Die karminroten Blüten der Strohblume waren inzwischen zu einem zarten Braun verblaßt, so daß die Chrysantheme vor dem dunkelgrünen Hintergrund sehr eindrucksvoll aussah. Die rosa Chrysantheme ›Emperor of China‹ oder die alte Sorte ›Cottage Yellow‹ können auf gleiche Weise gezogen werden, und jeder Busch von lockerem Wuchs ist als Wirtspflanze geeignet.

14. KAPITEL

Clematis und Kletterrosen

Immer mehr Gärtner tun jetzt das, was die Natur schon immer getan hat – sie verwenden Bäume und Sträucher als Wirtspflanzen für alle Arten von Kletterpflanzen. Wer schon einmal die *Clematis alpina* in australischen Wäldern hat wachsen sehen, weiß, wie sie sich durch jede Pflanze in ihrer Nachbarschaft schlingt, wie sie durch wilde Rosen und Brombeeren klettert und wie elegant sie ihre Girlanden über Baumstümpfe und Felsblöcke fallen läßt. Wenn sie so wachsen kann, sieht sie bezaubernd aus. Verglichen mit dieser anmutigen Eleganz verlieren jene Pflanzen, die wir zu ihrer Unterstützung an Drähten festbinden und auf diese Weise an unsere Mauern fesseln, die Hälfte ihres Charmes. So wie sie es genießen, sich frei bewegen zu dürfen, haben sie auch Freude am Zusammenleben, und eine Clematis gedeiht ungleich besser, wenn sie in der Nähe anderer Pflanzen wachsen darf. Das Interesse an Clematis hat in den letzten Jahren enorm zugenommen, und immer mehr Leute haben zugunsten einer ungezwungenen, natürlichen Pflanzengemeinschaft auf künstliche Kletterhilfen verzichtet. Wir merken jetzt, daß Clematis zufriedener ist, wenn sie über oder durch andere Pflanzen wachsen darf. Wir ziehen sie an Bäumen empor, lassen sie durch Sträucher oder Heiden wandern und arrangieren sie behutsam auf den Kuppen niedriger Mauern.

Soll eine Clematis einen ausgewachsenen Baum beziehen, muß man ihr zu einem guten Start verhelfen, denn Baumwurzeln sind ernstzunehmende Konkurrenten. Es ist immer möglich, daß die wachstumsfördernden Mittel, die der Clematis zugedacht sind, statt dessen von den Baumwurzeln aufgenommen werden. Aus diesem Grund sollte das sehr tiefe Pflanzloch 60–90 cm vom Baum entfernt sein. Zunächst verteilt man etwas verrotteten Stallmist auf den Boden des Lochs, gibt eine Schicht gute Erde darüber und füllt das Loch dann mit einer Mischung aus Sand, Torf und Erde auf. Anschließend wird die Clematis eingebettet. Ich ziehe Clematis an Apfel- und Birnbäumen, an Weiden sowie an Bäumen, die als Blickpunkt separat stehen. Besonders stolz bin ich auf die Idee, die kleinblütige rosarote *Clematis viticella* ›Margot Koster‹ in die Higankirsche, *Prunus subhirtella* ›Autumnalis‹, wachsen zu lassen. Diese ausgefallene strauchartige Kirsche ist mit ihren zwei Stämmen, die sich in Bodennähe verzweigen, die ideale Wirtspflanze für eine Clematis, da sie in Augenhöhe ihren Blütenflor entfalten kann.

In der Regel achte ich bei meinen Pflanzenkombinationen darauf, daß Baum und Clematis zu verschiedenen Zeiten blühen. Als ich jedoch eine schöne Sorte der *Clematis montana* an einen Judasbaum *(Cercis siliquastrum)* setzte, übersah ich, daß beide zur gleichen Zeit blühen. Was ein Fehler hätte sein können, erwies sich als Vorteil, denn die weißen Clematisblüten hingen in langen Bändern von den unteren Zweigen des Baumes herab. Weniger Glück hatte ich, als ich eine *Clematis viticella* mit ihren kleinen nickenden purpurfarbenen Blüten an eine Trauererle *Alnus incana* ›Pendula‹ pflanzte. Ihre kleinen dunklen Blüten hoben sich gegen das dunkle Laub nicht genügend ab, und in diesem Fall wäre ein panaschierter Strauch besser gewesen.

Die starkwüchsige *Clematis rehderiana* sucht sich lieber selbst ihre Kletterhilfen. Es ist ziemlich gleich, welchen Strauch sie auswählt, ob nun einen Schneeball, eine Forsythie oder sogar eine andere Clematis. Meine Pflanze hat sich zuerst friedlich ihren Weg durch einen Schneeball *(Viburnum farreri; V. fragrans)* gebahnt, der ihr in der Größe aber für ihr jährliches Rankwerk nicht ausreichte, so daß sie jetzt auf der einen Seite des Schneeballs von einer *Clematis tangutica* und auf der anderen von einer *Rosa gallica* ›Complicata‹ Besitz ergriffen hat. Und überall tauchen jetzt primelgelbe Blüten auf, die nach Schlüsselblumen duften. Die hübschen kleinen aufrechten Blütenzweige erscheinen zwischen den graugrünen, hopfenartigen Blättern.

Clematis mit kleinen Blüten sollten nur bis knapp über Augenhöhe gezogen werden. Ich lasse die *Clematis texensis* ›Countess of Onslow‹ mit ihren kleinen rosafarbenen Glöckchen von der Kuppe einer brüchigen Steinmauer herabwachsen. Die Clematis ›Huldine‹ hat schön geformte, durchscheinende Blüten mit perlweißen Innen- und mauvefarbenen Außenseiten. Sie sollte so plaziert sein, daß man auch beide Seiten sehen kann. Läßt man sie zum Beispiel durch eine Säckelblume (Ceanothus) an einer nicht zu hohen Mauer wachsen, bekommt man ein gutes Bild von der ganzen Pflanze. Die blassen, hängenden Blüten der *Clematis campaniflora* sind sehr klein und zart, dafür aber äußerst zahlreich. Ein dunkler Strauch etwa in Augenhöhe bringt den blassen Charme dieser weißen, im zartesten Blau angehauchten Blüten am besten zur Geltung.

Bisweilen werden die halbkrautigen, aber äußerst starkwüchsigen *Clematis × jouiniana* und *C. × jouiniana* ›Praecox‹ (eine früher blühende Varietät) zum Problem, da sie sich in einer einzigen Saison so stark ausbreiten können, daß sie alles in ihrer Nähe mit ihrem Rankwerk bedecken. Der Versuch, sie an einer Mauer unter Kontrolle zu halten, macht viel Arbeit; erlaubt man ihnen aber, sich um den Stamm eines alten Baumes zu winden, hat man sie die ganze Saison über beschäftigt. Ich kenne einen Garten, wo sie sich so entfalten dürfen, und die Wirkung ist äußerst befriedigend. Als Wirtspflanze dient ein Apfelbaum, der sich nicht der besten Gesundheit erfreut und vermutlich allmählich abstirbt; gleichwohl hat er es auf sich genommen, eine weitere schöne Pflanze zur Schau zu stellen: Die Rose ›Bobbie James‹ ist ein Multiflora Rambler (benannt nach dem verstorbenen Hon. Robert James von St. Nicholas in Richmond), der stark duftende, halbgefüllte, cremeweiße Blüten trägt. Diese Rose hat das Vorrecht auf die Gastfreundschaft des Baumes, und ihre langen Ranken haben sich selbst um seine Zweige gewunden. Im Herbst, wenn die Rosen verblüht sind, bietet die Clematis rings um die untere Hälfte des Baumes ein schönes Schauspiel. Rosa Alpenveilchen *(Cyclamen neapolitanum; C. hederifolium)* zwischen der üppigen grünen Drapierung und der Rasenfläche runden das liebliche Herbstbild ab. Die Alpenveilchen, die man sich selbst überlassen kann, bilden nach der Blüte einen Teppich aus schönen marmorierten Blättern.

Manchmal klettern Rosen und Clematis gemeinsam. In einem meiner größten Apfelbäume ist die Rose ›Breeze Hill‹ emporgeklettert und bahnt sich ihren Weg bis hinauf zur Spitze. Sie gehört nicht zu den wirklich starkwüchsigen Arten wie ›Bobbie James‹ oder *R. filipes* ›Kiftgate‹, sondern begnügt sich mit einer würdevollen Wuchshöhe und trägt in angemessenen Abständen große gefüllte champagnerfarbene Blüten. Zu ihrer Gesellschaft habe ich die blaue *Clematis* ›Perle d'Azur‹ danebengepflanzt, da sie erst lange Zeit nach der Rose zu blühen beginnt. Ich halte sie für eine der besten blauen Clematissorten, denn der Hauch von Rosa verleiht der Blütenfarbe Wärme.

Nicht jeder hat einen Wald. Und noch weniger besitzen einen Wald in extremer Hanglage, der sich terrassenartig über mehrere Ebenen erstreckt, die über steile Wege miteinander verbunden sind, so daß man auf die tiefer stehenden Pflanzen hinabschauen kann. Ich kenne nur einen, der einen solchen Wald sein eigen nennt. Dort habe ich einmal zu Beginn des Frühlings auf eine schöne Clematis heruntergeschaut, die sich selbständig über die gesamte Krone eines tiefer stehenden Baumes ausgebreitet hatte. Ich vermute, daß es eine Form der *Clematis montana* war, aber vergewissert habe ich mich nicht.

Eine Freundin von mir hat ihre *C. orientalis* ›L & S 13342‹ auf einem alten Apfelbaum frei wachsen lassen. Als ich einmal Anfang September ihren Garten aufsuchte, konnte ich die Clematis in ihrer vollen Blütenpracht bewundern. Sie hatte den ziemlich niedrigen Apfelbaum vollständig bedeckt, so daß er aussah wie ein riesiger Regenschirm, der mit kleinen gelben und orangefarbenen Laternen vor einem Hintergrund aus seegrünem, farnigem Laub behangen war. Die Züchtung der *C. o.* ›Orange Peel‹ scheint nicht recht stabil, denn einige Exemplare haben dicker texturierte Blüten in einer schöneren Farbe als andere. Eine gute Freundin, die einen der ersten Sämlinge dieser Clematis geschenkt bekam, war sehr enttäuscht, als sie feststellte, daß ihre Pflanze im Vergleich zu den Exemplaren anderer Leute nicht so schön war. Da Clematis in Töpfen verkauft werden, sollte man sie möglichst während der Blüte auswählen, bevor man sich auf diese Spezies einläßt. Nach der Blüte halten die Samenstände bis zum Februar, wenn es Zeit ist, sie zurückzuschneiden. Winterregen und nasses Wetter können die seidigen Pompons in zottelige Fetzen verwandeln, aber wenn die Sonne scheint, plustern sie sich wieder auf und verleihen der Pflanze auch dann noch Charme und Leichtigkeit, wenn sie schon längst ihre Blätter verloren hat.

Clematis sind es ganz zufrieden, an eine Nordmauer gepflanzt zu werden, und einige von ihnen machen sich niemals die Mühe, nach oben zu klettern, um die Sonne zu finden. Nachdem ich immer wieder versucht hatte, die schöne *Clematis florida* ›Sieboldii‹ einzugewöhnen, hatte ich sie endlich soweit, daß sie sich unter einer Nordmauer richtig wohl fühlte. Sie rankte sich um alles, was gerade in ihrer Nähe stand, etwa die Wolfsmilch *Euphorbia lathyris*, Leinkraut und eine andere Clematis, *C. campaniflora*, mit winzigen hängenden Blüten in einem ganz blassen Blau. Sie schien wirklich glücklich mit ihren Ranken voller ungeöffneter Blütenknospen, und jeden Tag ging ich hin, um nachzuschauen, wie sie sich weiter entwickelte. Dann mußte ich für zwei Tage verreisen, und als ich zurückkam, führte mich

Clematis florida ›Sieboldii‹

mein erster Weg zu ihr. Ich traute meinen Augen nicht: Der
größte Teil war abgeschnitten, und nur noch eine Blüte war
übrig. Knospen und halbgeöffnete Blüten lagen am Boden,
und ich habe niemals herausfinden können, wer von meinen
unerwarteten Besuchern dieses Gemetzel angerichtet hatte.
Hatte es womöglich ein besessener Blumenarrangeur gerade
auf die eleganten Blütenranken dieser Clematis abgesehen?
Oder meinte gar ein enthusiastischer Gartenbesucher Wolfsmilch und Leinkraut von den Schlingen der Clematis
befreien zu müssen, und hatte dabei vielleicht versehentlich
die Triebe abgebrochen?

Ich ziehe schon jahrelang die winterblühende *Clematis
cirrhosa* var. *balearica* unter einer Nordmauer. Sie bringt
eine Vielzahl dunkler immergrüner Blätter hervor, die an
Farnblätter erinnern, weshalb sie auch manchmal »Farn-
blättrige Clematis« genannt wird. Ihre kleinen grünlich
elfenbeinfarbenen Blüten sind eher unscheinbar, und eigentlich hat sie nur deshalb Anspruch auf einen Gartenplatz,
weil sie im Winter blüht. Einige Formen sind indifferent in
der Farbe, und alle sind innen kastanienbraun gefleckt. Diese
äußerst stark wachsende Clematis sät sich überall im Garten
selbst aus. Ein Sämling tauchte am Fuß einer anderen Nord-

mauer auf, wo ich schon eine *Clematis viticella* ›Alba Luxurians‹ gepflanzt hatte. Diese Art hat kleine weiße Blüten mit grünen Spitzen und dunklen Mitten. Wie viele andere Clematis-Arten scheint sie viel besser zu gedeihen, wenn sie über Pflanzen wandern kann, statt an Drähten oder Gitterwänden gezogen zu werden.

Die kleinblütigen Varietäten lassen sich hervorragend durch andere Pflanzen ziehen. Nachdem sich die Kombination der Clematis ›Etoile Violette‹ mit einem dunkellaubigen Baum als Fehler herausstellte, da sie dort nicht zur Geltung kommen konnte, habe ich sie jetzt in die Nähe der üppigen Kletterrose ›New Dawn‹ gesetzt. Ich hatte immer den Eindruck, daß die blaßrosa Blüten dieser Rose etwas verwaschen aussehen, doch als Hintergrund für die nickenden violetten Clematisblüten mit ihren cremefarbenen Staubbeuteln eignen sie sich gut.

Die immergrüne *Clematis armandii,* die einen geschützten sonnigen Standort liebt, lehnt es ab, von Menschenhand geführt zu werden; viel lieber findet sie ihre eigenen Kletterhilfen und ist glücklich, wenn sie sich durch andere Pflanzen winden kann. In meinem Garten gedeiht sie in einer geschützten Südostecke neben einer Stauntonia. Allerdings konnte sie sich nicht entschließen, die Mauer in ihrem Rücken emporzuklettern. Statt dessen wächst sie über die Stauntonia, eine große Wolfsmilch *Euphorbia lathyris* und eine sehr hohe Wiesenraute (Thalictrum), und einige Triebe haben bereits entdeckt, daß auch die Regentonne in der Ecke einen guten Stützpunkt bietet.

Im März sind die großen, weißen Blüten der *Clematis armandii* jedesmal eine Überraschung, und sie sind immer größer als erwartet. Sie duften auch und erscheinen in üppigen Büscheln. Ich habe einmal gesehen, wie diese Clematis den obersten Teil eines natürlichen Steingartens, der auf einer steilen Steinböschung angelegt war, berankte. Sie hatte sich in großen Girlanden oberhalb der Steingartenpflanzen ausgebreitet, und ihr dunkles immergrünes Laub bildete einen schönen Hintergrund für die tiefer stehenden Pflanzen.

C. a. ›Snowdrift‹ hat größere Blüten als die Spezies, und
C. a. ›Apple Blossom‹ trägt zartrosa Blüten.

An das Ende meiner doppelten Reihe beschnittener
Scheinzypressen (*Chamaecyparis lawsoniana* ›Fletcheri‹)
habe ich als Abschluß eine Trauerbirne, *Pyrus salicifolia*
›Pendula‹, gepflanzt. Auf der einen Seite steht ein frei wachsender silbern panaschierter Liguster und auf der anderen
eine *Reynoutria japonica (Polygonum cuspidatum)*. Ich
setzte die *Clematis viticella* ›Kermesina‹, eine andere kleinblütige Varietät mit kräftig Rubinroten Blüten, dazu, damit
sie sich ihren Weg durch den Liguster bahnt. In den ersten
beiden Jahren tat sie es auch, aber dann kehrte sie meinem
Garten den Rücken und schaute zum Nachbarn hinüber;
offenbar bevorzugte sie einen westlichen Ausblick. Inzwischen hat sie herausgefunden, daß sie nach Süden schaut,
wenn sie in die Birne klettert, und vermutlich wird sie so
weiterwachsen. Die Reynoutria hat auf der anderen Seite das
gleiche getan, und dieses farbenprächtige Bild in Rubinrot,
Creme, Rosa und Blaßgrün vor dem Silbergrau der Birne
bezaubert mich etwa fünf Wochen lang. Ich kann alles
ungestört sich selbst überlassen, bis ich im Winter die nackten Stiele der Reynoutria und Mitte Februar die Clematis
abschneide und die Birne von ihnen befreie. Im Garten einer
Freundin wächst diese Clematis zusammen mit dem Schmetterlingsstrauch *Buddleia fallowiana* ›Loch Inch‹ vor einer
Ziegelmauer, was sehr reizvoll aussieht. Hier blühen beide
Pflanzen zur gleichen Zeit, aber in der Regel versuche ich,
Pflanzen mit unterschiedlichen Blütezeiten zu kombinieren.

Ich dachte erst, ich hätte einen Fehler gemacht, als ich eine
Clematis ›Lady Northcliffe‹ an den einen Stamm einer ält-
lichen Williamsbirne und eine *Rosa longicuspis* an den anderen setzte. Gute Gärtner schätzen keine Bäume, die vom
Boden aus in zwei Stämmen wachsen, aber ich bin dankbar,
daß sich am Anfang, als der Baum noch jung war, niemand
daran gestört hat, so wie ich mich auch über jede zweistäm-
mige Silberbirke freue, die ich finden kann. *C.* ›Lady Northcliffe‹ mag bei anderen Leuten besser gedeihen, bei mir

erhebt sie sich kaum vom Boden und blüht nur an der unteren Hälfte des Baumes. Ich betrachte gern ihre wohlgestalteten wedgewoodblauen Blüten mit den weißen Staubgefäßen darin und bin ganz zufrieden mit ihrem Wuchs. Gegen die ungebärdige Rose hätte sie sowieso keine Chance gehabt. Die beiden Stämme der Birne sind ein idealer Tummelplatz für die starkwüchsige Rose, und da der Baum sehr hoch ist, bietet er einer kräftigen Kletterpflanze genügend Raum. Wenn die Rose blüht, rieseln ihre weißen Blüten wie Schneeflocken mitten in das Herz der Birne, und es entströmt ihnen ein atemberaubender Duft. Auch das Laub der Rose ist sehenswert, ganz besonders im Herbst, wenn es sich goldorange färbt.

Dagegen erwies es sich tatsächlich als ein Fehler, die *Rosa longicuspis* und die *R.* ›May Queen‹ an denselben Apfelbaum (einen alten Blenheim mit einem riesigen Stamm) zu pflanzen. Die ersten paar Jahre waren ohne Probleme; die ›Queen‹ brachte längst ihre schönen flachen und altmodisch geviertelten Blüten in einem lila angehauchten Rosa hervor, und sie duftete herrlich nach grünen Äpfeln, während die *R. longicuspis* erst anfing, auf eigenen Füßen zu stehen. Inzwischen ist von der ›May Queen‹ kaum noch etwas zu sehen, obwohl sie die meisten Blüten weit unten am Stamm entfaltet und viel buschiger ist als andere Kletterpflanzen. Es muß also etwas geschehen! Das gleiche hätte mit der Rose ›Wedding Day‹ passieren können, denn sie ist ebenso wildwuchernd und beansprucht einen Baum für sich allein. Zum Glück habe ich sie auch so gepflanzt, so daß ich ihre cremefarbenen Blüten ohne Einschränkung genießen kann. Sie öffnen sich aus orangefarbenen Knospen und haben spitze Blütenblätter. Diese Rose verbreitet einen kräftigen Duft mit einem zarten Orangenaroma.

Ich habe zwei gefüllte weiße Rosen im Garten, die in dieser Hinsicht problemloser sind: ›Sander's White‹, die eine gefüllte weiße ›Dorothy Perkins‹ sein könnte, aber nicht ganz so rührig ist, und ›The Garland‹, die ganze Büschel gefüllter weißer Blüten hervorbringt.

Auf einem kleinen Apfelbaum in meinem Garten wächst eine Rose ›Seven Sisters‹, die wegen ihrer unterschiedlich getönten Blüten reizvoll ist. Sie erscheinen in allen Schattierungen von Lila-Rosa und reichen von dunklen Farbtönen bis hin zu einem nicht ganz reinen Weiß, aber wie viele Rambler haben sie keinen Duft. Das Laub ist hellgrün.

Die Verwendung eines Baumes als Wirtspflanze erleichtert den Umgang mit einer sehr starkwüchsigen Pflanze. Ich wußte nicht, wie ich die *Rosa soulieana,* die ich wegen ihrer blaugrauen Blätter ziehe, unter Kontrolle bringen sollte, aber ich hatte Erfolg, als ich sie an einen krummen Apfelbaum setzte. Ihre kurzen cremefarbenen Blütenzweige wachsen aus dem schiefen Baum aufrecht in die Höhe und stellen sich zur Schau. Es gibt noch die Hybride *R. s.* ›Paul's Scarlet‹, die ungefüllte karminrote Blüten trägt.

In einem nicht allzu großen alten Obstgarten lassen sich die Bäume gut mit verschiedenen Kletterrosen bepflanzen, und zur Abwechslung kann man dazwischen Beete mit Strauchrosen anlegen. Im Frühjahr blüht ein Teppich aus Zwiebelpflanzen, der nach der Blüte einmal abgemäht werden muß, und bald darauf beginnt die aufregende Rosensaison. Ein solcher Garten macht fast das ganze Jahr Vergnügen und kaum Arbeit.

Zu den Rosen, die sich zum Bewachsen größerer Bäume eignen, gehören die zart rosafarbene ›New Dawn‹ und die sehr ähnliche ›Dr W. van Fleet‹. Da sich die ›Albertine‹ mit einem herrlichen Blütenflor schmückt, kann sie an einen Baum mit ausladenden Ästen gepflanzt werden. Die dunkleren Rosen kommen in üppig belaubten Bäumen nicht so gut zur Geltung. Alte, abgestorbene Bäume sind bei mir reserviert für die starkwüchsige Rose ›William Lobb‹, die 1,80–2,40 m hoch wird, und die üppig wachsende ›Hamburger Phoenix‹, einen Dauerblüher mit leuchtend karminroten Blüten. Die äußerst anspruchslose creme-weiße ›Alberic Barbier‹ gedeiht an einer Nordmauer und gibt sich auch mit einem schlechten Standort zufrieden. Sie blüht frühzeitig und hat glänzendes Laub, das immer ansehnlich bleibt. Die rosarote ›Mary Wallace‹ blüht später.

Eine hervorragende Rose zum Bewachsen niedrigerer Bäume und Sträucher ist die schöne Teehybride ›Cupid‹. Sicher hat es sich längst herumgesprochen, daß die wunderbaren großen, ungefüllten Blüten, die zart fleischfarben getönt sind, an einem Kletterpfahl oder an einer Mauer ihre Schönheit nicht voll entfalten können. Verglichen mit den Blüten und den prächtigen orangefarbenen Hagebutten ist das Laub ein wenig enttäuschend. Besser kämen die Blüten an einem großen Strauch mit schönen Blättern zur Geltung, deshalb wären das Becherkätzchen *Garrya elliptica* oder die Winterblüte *Chimonanthus praecox* in diesem Fall vorteilhafter als Obstbäume.

15. KAPITEL

Pfingstrosen

In einem pflegeleichten Garten gibt es keine wertvolleren Pflanzen als die Pfingstrosen. Man könnte dem natürlich entgegenhalten, daß die Blütezeit in manchen Fällen sehr kurz ist, und darauf ist nichts zu erwidern. Aber die Pfingstrose hat neben ihren Blüten noch viele andere Vorzüge.

Die Vorfreude beginnt schon früh im Jahr, wenn die Knospen in leuchtenden Farben durch die Erde stoßen – in kräftigem Karminrot und in Kastanienbraun, in einem Kirschrot, so leuchtend wie Hummerscheren, und in wunderbaren Grünschattierungen. Auch die sich langsam entwickelnden Blätter halten ihr Versprechen. Manche verlieren zwar ihre anfängliche Röte und färben sich dunkelgrün, aber viele Gartenhybriden – die am spätesten blühen – bewahren fast bis zur Blütezeit karminrote Stiele und Blätter, mit denen sie zur Belebung des Gartens beitragen.

Einige Pfingstrosen bekommen wunderschöne Samenkapseln, die viele Wochen lang nach der Blüte für Farbe sorgen. Vor allem Spezies wie *Paeonia mlokosewitschii, P. cambessedesii* und *P. russii* verlängern die Saison, denn wenn ihre Samenkapseln platzen, offenbaren sie ihre herrlichen Innenseiten in einem Kirschrot, wie man es sich leuchtender nicht vorstellen kann. Wenn ich die Farbe als ein Kirschrot bezeichne, so treffe ich vielleicht nicht genau den Farbton, da jeder seine eigenen Farbvorstellungen hat. Kirschrot hat für manche einen Hauch von Magentarot; für mich ist es das leuchtende, kräftige, als »cherry« bezeichnete Rosa, ohne eine Spur von Blau, das man auch bei Fuchsien und in orientalischen Teppichen findet. Eingebettet in dieses Leuchten sind die Samen: die fruchtbaren sind pechschwarz, und immer gibt es ein paar ›taube Nüsse‹ in der gleichen Farbe wie die Innenseiten der Samenkapseln.

Schließlich können einige Päonien mit einer leuchtenden Herbstfärbung aufwarten, und auch in diesem Punkt tun sich die Spezies besonders hervor. Die ungefüllten primelgelben Blüten der *P. mlokosewitschii* leben am kürzesten von allen, aber wie zum Ausgleich nehmen ihre Blätter die schönsten Herbsttöne an.

Manche Leute füllen ganze Beete nur mit Pfingstrosen, was ich immer schade finde, da sie sich mit ihrem Laub hervorragend als lückenfüllende Begleitpflanzen und als Hintergrund für andere Pflanzen eignen, und ihre Ausdauer kann in einer pflegeleichten Rabatte von großem Wert sein. In einem großen Garten habe ich Pfingstrosen als wichtigsten Bestandteil einer breiten Rabatte zwischen der Ziegelmauer und dem Rasen gesehen, und man hat mir versichert, daß sie nur sehr wenig Pflege brauchen. Die Pfingstrosen stehen vor der rückwärtigen Mauer, und die schweren halbkreisförmigen Eisenstützen bleiben das ganze Jahr über an ihrem Platz. Vor ihnen blüht von Juli an eine blaßrosa Floribundarose, zu deren Füßen Cottage-Nelken einen reizvollen blaugrauen Beetrand bilden. Die in diesem Garten verwendete Rose ist die alte französische Sorte ›Radium‹, die heute nicht mehr kultiviert wird und früher durch Stecklinge vermehrt wurde. Die Nelken könnten durch Katzenminze ersetzt werden, die jedoch immer gut zurückgeschnitten werden müßte, damit sie sich nicht zu sehr über den Rasen neigt.

Als erste blüht in meinem Garten die *Paeonia tenuifolia,* deren Laub so tief eingeschnitten ist, daß sie manchmal für Spargel gehalten wird. Wenn ich noch einmal von vorn beginnen könnte, wäre ich vielleicht versucht, die Pflanze in leichten Schatten zu setzen, obwohl ich ganz damit zufrieden bin, wie sie sich an dem sonnigen Platz vermehrt, an dem sie in den ersten Tagen meiner gärtnerischen Tätigkeit zufällig gelandet ist. Ich habe diese Pfingstrose – es war nur eine kleine Pflanze – etwa im Jahre 1940 geschenkt bekommen und sie zur Sicherheit in den obersten Bereich eines nach Süden ausgerichteten Steingartens gepflanzt. Mit einer alten Mauer im Rücken und mit einer optimalen Drainage versorgt, lebt sie nun dort von Anfang an, wird jedes Jahr ein bißchen größer und büßt nur gelegentlich einen Außentrieb ein, da ich manchmal, wenn auch widerstrebend, für hartnäckige Freunde kleine Wurzelstückchen abtrenne. Genaugenommen kriecht sie nicht, aber sie breitet sich langsam aus, und ich bin sicher, daß sie in den nächsten 50 Jahren den ganzen oberen Teil des Steingartens bedecken wird, wenn man sie in Frieden läßt. Meine Pflanze hat ungefüllte karminrote Blüten, die etwas leuchtender sind als die Blüten der alten Cottage-Garten-Päonie. Es gibt noch eine gefüllte Form in der gleichen Farbe, und kürzlich habe ich erfahren, daß es auch rosa Sorten geben soll. Ich habe sie noch nicht gesehen, und die Beschreibungen variieren, so daß ich mir nicht ganz im klaren bin über den Farbton. Befreundete Gärtner, die die Schätze gesehen haben und darauf hoffen, eines Tages ein Stück davon abzubekommen, sind euphorisch hinsichtlich der Farbe. Die Besitzer, die ihre kleinen Pflanzen vor den Habgierigen schützen möchten, zeigen sich dagegen lieber etwas weniger enthusiastisch, und ihre Antworten sind »kein schönes Rosa« oder »eine ziemlich verwaschene Farbe«, wenn man sie nach der *P. tenuifolia* ›Rosea‹ fragt.

Irgendwann im April öffnet *P. mlokosewitschii* ihre cremig gelben Blüten. Wenn auch schnell vergänglich, so sind sie doch wunderschön, und da gewöhnlich eine Blüte nach der anderen erscheint, ist sie über längere Zeit reizvoll anzuschauen. Manchen Leuten ist ihr Name etwas zu kompliziert, und mitunter wird diese Schönheit einfach »mloko« oder »Molly the Witch« genannt.

In meinem Garten blüht nach der *P. mlokosewitschii* die *P. wittmanniana*. Zuerst glaubte ich, es sei eine spätblühende Form dieser Pflanze, aber sie ist insgesamt größer und etwas plump. Die Sorte *P. w.* ›Perle Rose‹ hat cremefarbene Blüten mit karminroten Flecken und Streifen. Ein großer, voll erblühter Horst ist eine herrliches Bild. Es gibt noch zwei andere Sorten, *P. w.* ›Le Printemps‹ und *P. w.* ›Mai Fleuri‹, die beide schon frühzeitig üppiges Laub haben, und deren elfenbeinfarbene Blüten zartrosa schattiert sind.

Bei manchen Leuten scheint die *Paeonia cambessedesii* (die von den Balearen stammt) besser zu gedeihen als bei anderen. Als ich sie zum ersten Mal gepflanzt habe, hatte ich keine Probleme. Im Vergleich zu den meisten anderen Pfingstrosen sind ihre Blätter dunkler, und sie haben einen karminroten Glanz, der ihnen ein metallisches Aussehen verleiht. Es ist in der Regel eine ziemlich kleine Pflanze mit dunkelrosa Blüten und farbenprächtigen Samenkapseln. Sie paßt gut in eine unansehnliche Ecke oder an einen eher natürlich wirkenden Standort. Ich ziehe sie im ›Kolosseum‹, einem terrassierten Beet, das wir angelegt haben, als wir an einem Ende des Hauses die Erde wegschaufeln mußten, weil Feuchtigkeit ins Mauerwerk zog. Dieser schmale Bepflanzungsraum mit Mauern an der Rück- und Steinen an der Vorderseite ist ein ausgezeichneter Platz für Pflanzen, die nicht aus den Augen gelassen werden dürfen. Die Pfingstrose teilt das Beet mit Feuerkolben *Arisaema triphyllum*, gefüllten Nachtviolen, ein oder zwei eher seltenen gefüllten Primeln, Kleinen Sterndolden, *Astrantia minor*, und *Tovara virginica* ›Filiformis Variegata‹, alles ›anständige‹ Pflanzen, die nicht zuviel Platz beanspruchen.

P. russii, die *P. cambessedesii* ein wenig ähnelt, wird geringfügig größer. Sie hat ebenfalls dunkle Blätter und kirschrote Blüten, und ich habe die Erfahrung gemacht, daß sie in einer leicht beschatteten Nische eines Steingartens recht gut gedeiht.

P. obovata trägt herrliche dunkelbronzerote Blätter und ganz charakteristische Blüten, die in ihrem Anfangsstadium besonders schön sind. Die Blüten können rosa oder weiß sein, und ich ziehe ein weißes Exemplar im lichten Schatten einer Waldlandszenerie. Leider vergehen diese hinreißenden perlweißen Blütenkugeln mit ihren goldenen Mitten sehr schnell, und mir kommt es immer so vor, als sollte uns das schöne Laub für die Vergänglichkeit der Blüten entschädigen. Man wartet ein ganzes Jahr auf die Blüten, und wenn man keine sehr großen Pflanzen hat, die eine längere Abfolge von Blüten garantieren, ist das Schauspiel in weniger als einer Woche vorüber.

Paeonia obovata var. *willmottiae* ist nach der großen Gärtnerin Miss Wilmott benannt, die diese Sorte mit scharfem Blick selektiert hat. Sie scheint etwas längere Stiele zu haben, ihre Blätter sind vielleicht etwas dunkler und ihre Blüten eine Spur größer, aber beide Pflanzen sind sehr schön, und ich wäre mit der Spezies ganz zufrieden, wenn ich nicht die Varietät geschenkt bekommen hätte.

Eine andere Pfingstrose, die im Mai blüht, ist *Paeonia clusii* mit fein eingeschnittenen Blättern, großen weißen Blüten und goldenen Staubgefäßen. Ihre Blüten sind innen rings um die Mitte karminrot gefärbt. Da diese Pfingstrose in Kreta beheimatet ist, wird sie auch *P. cretica* genannt.

Paeonia emodi blüht häufig schon Anfang März. Diese aus Kaschmir stammende Pfingstrose treibt zwei Blüten an einem Stiel und hat ziemlich schmale, spitze Blätter.

Niemand scheint so recht zu wissen, wie *P. mascula* (*P. corallina*) auf die Insel Steep Holme gelangt ist. Sie soll dort nämlich nicht heimisch sein. Wenn sie auch mit ihren dunkelrosa Blüten recht hübsch zwischen Sträuchern oder Waldlandstauden aussieht, wird sie doch von manch anderer Päonie in den Schatten gestellt.

P. mollis (*P. sessiliflora*) trägt dunklere, rosarote Blüten, die sich gut gegen die blaugrünen Blätter abheben. Sie hat Ähnlichkeit mit *P. officinalis*, ist aber im Grunde nur botanisch interessant und hat keinen großen Gartenwert. Sie blüht im Mai wie *P. veitchii*, eine ebenfalls botanisch reizvolle Art, die schöne Horste bildet, aber nur mittelgroße

Blüten hervorbringt. Sie sind dunkelrosarot mit rosa Staubfäden und cremefarbenen Staubbeuteln und kommen vor den schmalen Blättern gut zur Geltung. *P. veitchii* var. *woodwardii* ist eine verbesserte Form. Ihre Blüten, in einem schönen reinen Rosa getönt, sind größer und mit mehr Staubgefäßen ausgestattet.

Noch kleiner als die Blüten von *P. veitchii* sind die von *P. potaninii*, zumindest an meinen eigenen Pflanzen. Diese Pfingstrose bildet Ausläufer, und wenn man ihr genügend Platz läßt, taucht sie manchmal bis zu 1 m von der Mutterpflanze entfernt wieder auf. An ihren ungefähr 30 cm langen Stielen trägt sie sehr fein eingeschnittene Blätter, und sie eignet sich vorzüglich als Unterpflanzung in einem Waldlandgarten. Ich ziehe sie in einem gewöhnlichen Beet, wo sie mit Fingerkraut, einem goldenen Geißblatt und gestreiften Iris konkurrieren muß, so daß sie sich nicht zu weit entfernt. Meines Wissens ist die Spezies dunkelrot, aber die weiße Form wird am häufigsten gezogen. Statt rosafarbener haben ihre Blüten grüne Staubfäden.

Paeonia lactiflora, die manchmal auch *P. albiflora* genannt wird, ist der Vorläufer vieler Gartenpäonien, die wir heute ziehen. Diese Pfingstrose duftet und hat kräftig bronzefarbene Blätter und Stiele. Wer Hybriden den Spezies vorzieht, ist mit *P. lactiflora* ›Whitleyi Major‹ gut beraten, einer eleganten und reichblühenden Pflanze mit lockeren ungefüllten perlweißen Blüten, die in der Mitte mit goldenen Staubgefäßen reich ausgestattet sind.

Die im Spätfrühjahr blühende ungefüllte rote Pfingstrose, die früher *Paeonia lobata* hieß, ist heute unter dem Namen *P. peregrina* bekannt. Ihre großen blutroten Blütenköpfe, die einige Zeit lang halten, sehen in einer schattigen Ecke sehr eindrucksvoll aus. Sie gedeiht auch in der Sonne, aber mir kommen ihre Farben im Schatten intensiver vor. Es gibt einige namhafte Sorten – zum Beispiel *P. p.* ›Fire King‹ und *P. p.* ›Sunshine‹ – sowie eine Züchtung mit rosa Blüten.

Die alte Cottage-Päonie, *Paeonia officinalis,* die sehr groß wird, paßt gut in eine pflegeleichte Rabatte, denn sie möchte

Paeonia officinalis

ihre Ruhe haben. Außerdem ist das dichte, dunkelgrüne Laub fast den ganzen Sommer über ein erfreulicher Anblick. Die meisten denken beim Namen dieser Pfingstrose sicher sofort an die alte gefüllte rote *P. o.* ›Rubra Plena‹, von der man meist schon am Cottage-Tor begrüßt wurde. Ihre Blüten halten sich sehr lange, dennoch bedaure ich manchmal, daß sie nicht so viele Blüten hat, wie es ihr eigentlich anstünde. Mit der gefüllten rosafarbenen Sorte *P. o.* ›Rosea Plena‹ bin ich sehr zufrieden, wohingegen mich die alte gefüllte weißblühende *P. o.* ›Alba Plena‹ ein wenig enttäuscht, da sie nicht so recht gedeihen will. Die Variationen der gefüllten Formen können sehr exotisch aussehen; *P. o.* ›Mutabilis Plena‹ hat rosarote Blüten, die allmählich weiß werden, und *P. o.* ›Rosea Superba Plena‹ schmückt sich mit sehr großen, stark gefüllten, hellrosa Blüten.

Es gibt auch einige schöne ungefüllte Sorten wie *P. o.* ›China Rose‹, die lachsrosa Blüten mit orangefarbenen Staubgefäßen trägt, und *P. o.* ›Crimson Globe‹ mit Blüten in der Farbe von poliertem Granat, mit goldenen Staubgefäßen geschmückt. Die aufregendste von allen ist vielleicht *P. o.* ›Anemonaeflora Rosea‹ mit blütenblattförmiger Mitte. Die Staubgefäße, die zu schmalen Streifen geworden sind, sehen wie Bündel karminroter, gelbgeränderter Bänder aus, die von rosaroten Blütenblättern umgeben sind.

Von den meist duftenden Gartenhybriden gibt es zu viele, um sie alle zu nennen. Sie können gefüllte und ungefüllte Blüten haben, deren Farbtöne von Weiß bis hin zu einem dunklen Karminrot reichen. Sie werden in der Regel als »Chinesische Pfingstrosen« aufgeführt, und die Gärtnereien haben eine gute Auswahl davon anzubieten.

Da die Strauchpäonien wie *P. lutea* und *P. delavayi* in verhältnismäßig kurzer Zeit ziemlich große Büsche bilden, brauchen sie viel Platz. *P. lutea* var. *ludlowii* ist besonders kräftig im Wuchs und deshalb für einen Gehölzrand oder eine große leere Ecke, wo ihr schönes Laub bewundert werden kann, am besten geeignet. Die im Verhältnis zur Größe der Pflanze eher kleinen, nickenden gelben Blütenschalen fallen nicht sehr ins Auge. Sie läßt sich leicht aus Samen ziehen.

Paeonia delavayi ist von weniger elegantem Wuchs als *P. lutea*. Im Winter ist ihr kahles Geäst ziemlich unansehnlich, sie entwickelt sich aber zu einem Busch von angenehmer Größe und trägt dunklere Blätter als *P. lutea*. Am schönsten wirkt sie mit schimmernden kastanienbraunen Blüten, die manchmal fast karminrot sind, aber es gibt auch ein paar dürftige Formen mit schmutzig braunen Blüten, die leicht schäbig aussehen können.

Die chinesische Baumpäonie *P. suffruticosa* (bisweilen auch »Moutan Peony« genannt; »Moutan« ist das chinesische Wort für diese Pflanze) ist die schönste von allen. Sie wächst ziemlich langsam, und ihre geteilten Blätter sehen beinah wie Farnblätter aus. Die großen weißen Blüten haben goldene Staubgefäße und kastanienbraune Flecken rings um die Blütenmitte. Aus Kreuzungen mit dieser Pfingstrose sind schöne großblumige Sorten in vielen Farben entstanden, die aber ziemlich schnell vergehen.

16. KAPITEL

Hortensien und Fuchsien

Von allen Gartenpflanzen, die mit wenig Pflege gedeihen, sind mir Hortensien und Fuchsien mit die liebsten. Beide Familien tragen zuverlässig vom Juli bis zu den ersten Frösten im November mit ihren Farben und Formen zur Belebung und Schönheit des Gartens bei.

Am bekanntesten ist wohl die gewöhnliche Gartenhortensie. Ihre Variationen, die in allen Farbtönen von einem blassen Rosa bis hin zu einem dunklen Karminrot erscheinen, werden manchmal auch als »Floristentypen« bezeichnet. Sie blühen von Anfang August bis zum November; genaugenommen sind sie bis zum ersten harten Frost schön anzuschauen. Immer wieder wird behauptet, Hortensien vertrügen keinen Kalk, aber ich bin sicher, daß dies nicht stimmt. Der Boden in meinem Garten hat einen pH-Wert von 8, und meine Hortensien entwickeln sich zu riesigen Exemplaren, die ich den ganzen Sommer über ausdünnen muß, damit ich überhaupt aus den Fenstern sehen kann. Man bekommt häufig den Ratschlag, Hortensien in Torf zu pflanzen. Meines Erachtens gedeihen die meisten Sträucher besser, wenn man der Erde Torf beimischt, bevor man sie einpflanzt, und deshalb versorge ich meine Pflanzen am Anfang immer mit großen Torfmengen. Wenn man natürlich blaue Blüten haben möchte, kann man den Boden mit Torf anreichern, um ihn saurer zu machen. Aus irgendeinem mir unbekannten Grund gelten rosa Hortensien offenbar als zu gewöhnlich, blaue dagegen als eine Art Visitenkarte talentierter Gärtner. Mein Mann und ich konnten uns in diesem Punkt niemals einigen, aber aus anderen Gründen. So hat es bis zum Tode meines Mannes keine Hortensien in unserem Garten gegeben, und danach konnten sie so rosa sein, wie sie wollten.

Ich liebe die kräftigen Farbtöne, die man in manchen Gegenden mit saurem Boden sieht. In South Wales bieten die Böschungen voller Hortensien in allen Schattierungen von Rosa über Karmin bis hin zu Purpur ein prachtvolles Bild, und für mich sind sie viel befriedigender als die schmächtigen blauen Exemplare, die mit künstlichen Mitteln ›geimpft‹ werden. Ein Freund, der einen alten Bauernhof erworben hatte, erzielte fast genauso gute Ergebnisse, einfach indem er das ganze alte, auf dem Hof herumliegende Eisen einsammelte und in dem Beet vergrub, das später die Hortensien aufnehmen sollte. Mit kalkfreier Erde gefüllte versenkte Wannen sind ebenfalls eine gute Idee, wenn man Abwechslung in einen Garten mit Kalkboden bringen möchte, denn auch dann ändern die Hortensien ihre Farbe. Je dunkler die Originalfarbe der Pflanze ist, um so kräftiger sind die durch den sauren Boden hervorgerufenen Schattierungen in Purpur und Blau.

Es wird allgemein empfohlen, Hortensien in den Schatten zu pflanzen, und sie gedeihen sehr gut unter einer Nordmauer. Die sehr jungen Pflanzen müssen sorgfältig vor Frost geschützt werden, aber sobald die Zweige holzig geworden sind, kann sie nichts mehr angreifen, es sei denn, man hätte durch unbesonnenes Beschneiden zu viele weiche Triebe produziert.

Hortensien bringen aber nicht nur monatelang Farbe in den Garten, ihre getrockneten Blütenköpfe sind im Winter auch ein willkommener Zimmerschmuck. Zum Trocknen sind dunkle Blüten offenbar besonders begehrt, und die Gärtnereien empfehlen Sorten wie ›Altona‹ oder ›Westfalen‹, die im Herbst sehr kräftig in der Farbe sind.

Ich ziehe Hortensien unter der Nordmauer in meinem Vorgarten und variiere das Thema mit weißblühenden Formen und ab und zu mit einer Pflanze mit panaschierten Blättern. Die beste weiße Sorte ist ›Madame Emile Mouillière‹.

Fuchsien machen sich in meinem Vorgarten hübsch zwischen den Hortensien. Wenn die ganz blaßrosafarbenen Hortensien im Spätsommer blaßgrün werden, kommen die hängenden karminroten und purpurfarbenen Blüten der *Fuchsia magellanica* ›Gracilis‹ gut zur Geltung. Die sehr blaßrosa *F. m.* ›Molinae‹ (*F. m.* ›Alba‹) müßte zusammen mit Hortensien in dunkleren Farbtönen bezaubernd aussehen.

Ich habe mich niemals entscheiden können, ob mir die »Lacecap-Hortensien« mit den flachen Blütenständen oder die ballförmigen Gartenhortensien besser gefallen. In einer Waldlandbepflanzung finde ich die Lacecap-Varietäten *H.* ›Blue Wave‹, *H.* ›Lilacina‹ und die weiße *H.* ›Veitchii‹ schöner, weil sie sich dort nach Lust und Laune in die Höhe und Breite strecken können, während ich für einen Durchschnittsgarten mit normalen Beeten und mit Pflanzen, die zusammenpassen müssen, die zierlicheren und farbenprächtigeren Serrata-Cultivare vorziehen würde, die in der Regel nur eine Höhe von 90 cm bis 1,20 m erreichen und schöne aufrechte Büsche bilden. Unter diesen Hortensien ist *H. serrata* ›Grayswood‹ (*H. macrophylla* ssp. *serrata* ›Grayswood‹) meine Lieblingssorte. Sie hat Lacecap-Blüten mit leuchtenden Farben und mattgelbgrüne, rotbraun gerandete Blätter. Die kleinen Blüten in der Mitte sind häufig blau, und die sterilen Blüten rings um den Rand können im Aufblühen weiß sein, werden dann aber dunkelkarminrot oder färben sich sogar rosa oder blau. *H. serrata* ›Blue Bird‹ (*H. acuminata* ›Blue Bird‹) ist eine hübsche zierliche Lacecap-Hortensie, die schon beim geringsten Anlaß blau wird. Die gewöhnlichen ballförmigen Sorten eignen sich gut für Gärten, in denen sie viel Platz haben.

Eine Neuzüchtung trägt den Namen *Hydrangea serrata* ›Preciosa‹ (*H. macrophylla* ssp. *serrata* ›Preciosa‹). Sie hat leuchtend rosafarbene, runde Blütenköpfe und blüht in der Regel üppig. Ich habe sie zum ersten Mal im Freien in einem unregelmäßig erhöhten Beet gesehen, das sie ganz beherrschte. Sie war mit Blüten bedeckt, und blühte, wie mir berichtet wurde, dort schon ununterbrochen viele Wochen lang. Für einen pflegeleichten Garten wäre sie vorzüglich geeignet, vor allem, wenn sie mit Katzenminze oder *Amsonia tabernaemontana,* die lange Zeit zartblaue Blüten hervorbringt, zusammengepflanzt werden könnte.

Hydrangea paniculata ›Grandiflora‹ ist eine ausgezeichnete Pflanze für eine gemischte Rabatte. Sie blüht im Juli und trägt große kegelförmige Rispen aus cremig weißen Blüten, die im Verblühen zartrosa werden. Da sie am neuen Holz blüht, kann sie im Frühjahr drastisch zurückgeschnitten werden. *H.p.* ›Praecox‹ wird nicht so häufig gezogen, wie es ihr eigentlich anstünde, denn ihre hübschen flachen Blütenköpfe aus sterilen weißen Einzelblüten verlängern die Hortensiensaison.

Die größeren Hortensien sind in lichtem Schatten besonders schön. *Hydrangea villosa (H. aspera* ssp. *aspera),* die gut an einer Nordmauer gedeiht, wird in ein paar Jahren 1,50 m hoch. Das seidige Graugrün ihrer Blätter paßt gut zu den Lavendelblau- und Zartrosatönen der großen Lacecap-Blüten. Leider wirkt diese Hortensie ziemlich hager und knochig, sobald sie ihr Blätterkleid eingebüßt hat. Das schönste Exemplar, das ich jemals sah, stand in der Nordwestecke eines hohen viktorianischen Hauses. Die Pflanze war mit Blüten übersät, und ich dachte damals, daß dort ihre reizlose Wintererscheinung nicht zu sehr ins Auge fallen würde. Ein anderes unvergeßliches Exemplar fiel mir in einem Waldlandgarten auf, wo es unter überhängenden Bäumen wie in einer Laube stand. Auch dort würde es in Erwartung des Frühlings mit dem Hintergrund verschmelzen. Meine Pflanze setzte ich vor mein Haus an die Nordmauer. Unglücklicherweise kann sie hier ihren Fehler – ihre winterliche Gestalt – ebensowenig verbergen wie ich meinen, sie so unvorteilhaft plaziert zu haben.

Die chinesische *Hydrangea sargentiana* (*H. aspera* ssp. *sargentiana*) erscheint mir weniger reizvoll, denn mit ihren dunklen Blättern und schuppigen Zweigen wirkt sie ziemlich schwer. Gewiß, ihre lavendelfarbenen Blüten mit den weißen Randblüten sind sehr groß, sie haben aber nicht annähernd den Charme der Blüten von *H. villosa* (*H. aspera* ssp. *aspera*). Gleichwohl wächst *H. sargentiana* zu einem sehr schönen Strauch heran, der sich selbst überlassen bleiben kann, solange er ausreichend Schatten hat und in exponierten Lagen etwas geschützt wird. Ich kenne einen Garten, da gedeiht diese Hortensie an einer hohen Mauer zusammen mit *H. villosa* und *H. aspera* var. *macrophylla* (*H. aspera* ssp. *strigosa*), einer weiteren großblättrigen chinesischen Spezies, die bis zu 2,40 m hoch wird. Ihre Blütenfarbe ist eine angenehme Mischung aus zartem Rosaviolett und Porzellanblau. Vor den Hortensien stehen zwergförmige Azaleen zusammen mit Heidekraut – ein gutes Beispiel für eine pflegeleichte Bepflanzung.

Die Hauptattraktion der *H. quercifolia* ist die wunderbare Herbstfärbung ihrer großen eichenförmigen Blätter. Darüber vergißt man leicht ihre weißen Blüten, die im Juni erfreuen. Sie wächst im gleichen Garten und an der gleichen Mauer wie die Riesen-Hortensien, steht aber etwas entfernt und verbirgt sich hinter einer Eibenhecke, die einen kleinen, streng angelegten Garten umschließt. Zur Gesellschaft wachsen zu ihren Füßen Farne und Bergenien, und über ihrem Kopf ragen Prunus-Arten auf.

Die Kletterhortensie, *Hydrangea petiolaris* (*H. anomala* ssp. *petiolaris*), klettert so gut wie jeder Efeu. Setzt man sie an eine Mauer oder an einen hohen Baum, macht sie sich bald auf den Weg nach oben. Ihre weißen Blüten sind recht ansehnlich. Sie gehört zu den angenehmen Gehölzen, die man pflanzen und dann vergessen kann, und sie enttäuscht auch an einer Nordmauer nicht. Ich habe sie an die häßliche Stuckmauer eines Hausanbaus gepflanzt, wo sie sich gut entwickelt hat. Sobald ihre Blätter abgefallen sind, zeichnen ihre Zweige an die Hauswand dekorative Muster.

Wenn ich an Hortensien denke, fallen mir gleichzeitig die winterharten Fuchsien ein, weil beide in der zweiten Jahreshälfte so lange blühen, bis ihnen der Frost Einhalt gebietet, und weil beide – Hortensien und winterharte Fuchsien – auf die gleiche reizvolle Art eine Nordrabatte schmücken können. Da diese Sträucher nicht versetzt werden müssen, kann man Zwiebelpflanzen dazwischen verteilen. Die Narzissen werden abgelöst von den Knotenblumen (Leucojum) und anschließend von den Tulpen, die bei einer überlegten Auswahl bis Mai und Anfang Juni blühen. Außerdem könnte man noch Prärielilien setzen, vor allem die dunkelblaue *Camassia quamash (C. esculenta)* und die Sommerhyazinthe *Galtonia candicans,* die meines Erachtens in Gruppen zwischen Sträuchern gepflanzt und nicht einzeln auf freie Flächen zwischen krautige Pflanzen gesetzt werden sollte. Ich habe einmal ein großes Rosenbeet gesehen, in dem man sie vereinzelt hier und dort zwischen die Rosen gesetzt hatte, was mir gar nicht gefiel. Die blaßgrüne *G. princeps* scheint besser in Gruppen auf freie Böschungen mit leichtem Boden zu passen.

Welche Fuchsien man mit Hortensien zusammenpflanzt, hängt von der Farbe der Hortensien ab. Die kräftigen Farbtöne der Fuchsie ›Mrs Popple‹ treten neben blassen Farben besonders hervor. Jedesmal, wenn ich eine winterharte Fuchsie empfehlen soll, fällt mir als erste ›Mrs Popple‹ ein. Die Winterhärte dieser Dame ist unbestritten; sie übersteht ungeschützt die härtesten Winter, und ihre stattlichen Blüten in Scharlachrot und Dunkelviolett haben für eine so winterharte Pflanze eine beachtliche Größe. Manche Leute bedecken ihre Fuchsien – selbst die anerkannt winterharten – in der kalten Jahreszeit mit Asche oder Torf, aber ›Mrs Popple‹ benötigt keine derartige Behandlung, obwohl ich ihre steifen Zweige niemals vor dem Frühjahr abschneide.

Auch die *Fuchsia magellanica* ›Gracilis‹, die ihre eleganten Zweige mit rot-purpurfarbenen Blüten schmückt, und ihre entzückende panaschierte Form sind winterhart. Die grünen Blätter dieser Pflanze haben cremegelbe Ränder, die rosa angehaucht sind. Die übrigen Sorten der *F. magellanica* sind ebenfalls winterhart. *F. m.* ›Molinae‹ (*F. m.* ›Alba‹) trägt ziemlich kleine, dafür aber unzählige rosafarbene Blüten. Die Sorte ›Mrs W. P. Wood‹, deren Blüten größer sind, hat bis zu einem gewissen Grad *F. m.* ›Molinae‹ (*F. m.* ›Alba‹) verdrängt. *F. m.* ›Riccartonii‹ wird häufig als Heckenpflanze verwendet. Man sollte sie so plazieren, daß man ihre herabhängenden Blüten etwa in Augenhöhe bewundern kann. Die panaschierte Form dieser Fuchsie, *F. m.* ›Versicolor‹, ist dunkler im Ton als die buntgescheckte Form der *F. m.* ›Gracilis‹. Ihre Blätter sind graugrün und rosa, karminrot und cremefarben gescheckt; insgesamt wirken sie dunkelrosa.

Es gibt zwei zwergförmige Fuchsien, die in einem Steingarten verwendet werden können. Die pyramidenförmige *Fuchsia magellanica* ›Pumila‹, eine Miniaturform der Spezies, hat kleine rot-lavendelfarbene Blüten. Die Blüten der *F. m.* ›Tom Thumb‹ sind groß im Vergleich zu den Maßen der Pflanze und vielleicht etwas leuchtender als die Blüten der *F. m.* ›Pumila‹.

Obwohl die Züchter eine Vielzahl von Fuchsien als winterhart bezeichnen, empfehlen sie in der Regel, die Pflanze

Fuchsia ›Mme Cornelissen‹

im Winter an der Basis mit einer etwa 15 cm hohen Asche- oder Laubschicht zu bedecken. Sogar in Somerset habe ich Gärtner so vorgehen und die Schutzschicht obendrein noch mit Zweigen immergrüner Sträucher abdecken sehen. Obgleich ich meine Pflanzen niemals zudecke, habe ich bis jetzt noch keine verloren, sie entwickeln sich nur nicht so schnell wie die Exemplare in den Gärten meiner Freunde.

Über die Winterhärte von ›Mme Cornelissen‹ läßt sich streiten. Oft höre ich von ganz unerwarteter Seite über ihre außerordentliche Widerstandsfähigkeit, während sie bei mir harte Winter nicht überlebt hat. Ihre scharlachrot-weißen Blüten sind sehr auffallend, ebenso die Blüten gleicher Farbe der Fuchsie ›Conspicua‹, einer niedrigeren und buschigeren Pflanze. Eine schöne Fuchsie mit rosarot-weißen Blüten ist die Sorte ›Alice Hoffman‹. Auch sie ist zwergförmig und sehr üppig in der Blüte.

In manchen Gärten werden winterharte Fuchsien als Beet- pflanzen verwendet, insbesondere die Sorte ›Dunrubin Bed- der‹. Ihre rot-purpurfarbenen Blüten sind nicht sehr groß, dafür aber sehr zahlreich. Die starkwüchsige Fuchsie ›Enfante Prodigue‹ macht ihrem Namen alle Ehre; ihre halbgefüllten Blüten leuchten in Kirschrot und kräftigem Purpur. Über die Winterhärte von ›Eva Boerg‹ sollte es keinen Zweifel geben, da sie den Härtetest im Garten der Royal Horticultural Society in Wisley bestanden hat. Sie trägt halbgefüllte Blüten in einer reizvollen Farbkombina- tion aus Weiß, Blaßrosa und Dunkelpurpur.

Es gibt noch viele schöne winterharte Fuchsien, die unbe- achtet den ganzen Sommer bis zum November blühen.

17. KAPITEL

Variationen über das Thema Heide

Ein reiner Heidegarten macht zwar durchs Jahr so gut wie keine Arbeit, aber ich finde, einem solchen Garten fehlt etwas Aufheiterndes. »Aufheitern« ist vielleicht nicht das passende Wort, da es Heiden in vielen leuchtenden Farben gibt – von Weiß über das blasseste Rosa bis hin zu rosaroten, lila-rosa und karminroten Schattierungen. Viele Heiden zusammen wirken aber doch eintönig, und deshalb brauchen sie einen Kontrast oder müssen durch ein paar höhere Pflanzen aufgelockert werden. Ich mag ein paar Heiden hier und da, habe aber niemals den Wunsch gehabt, mir einen reinen Heidegarten anzulegen. Heidekraut, das auf einem Moor wächst, wirkt kaum jemals so ›flach‹ wie in einem künstlichen Heidegarten. In der Regel ist der Boden eines Moores sehr uneben, und oft tauchen darin vereinzelt große Felsblöcke auf. Außerdem sorgen Pflanzen wie Blaubeeren und niedrige Weiden dafür, daß keine Monotonie aufkommt.

Wenn der Boden, der mit Heiden bepflanzt werden soll, zu eben ist, gibt es Möglichkeiten, die Oberfläche etwas zu ›modellieren‹. Dies kann mit Hilfe von Baumstämmen geschehen, vorausgesetzt, sie sind nicht zu groß, und sie sind in zwei Teile gespalten worden. In dem Garten, wo ich das beobachtet habe, hatte man auf Baumstämmen Sempervivum-Arten angesiedelt, um dadurch einen Farbkontrast zu erzielen. Man hatte ziemlich große Hybriden gewählt, unter anderem die rote Riesenhauswurz ›Commander Hay‹ und das schöne *Sempervivum tectorum*. Die Hauswurzen passen besonders gut zu *Erica vagans* ›Mrs D. F. Maxwell‹, und die bronzeblättrige Montbretie (Crocosmia) ›Solfaterra‹ in ihrer Nähe war hoch genug, um mit ihren glatten, farbenprächtigen Blättern und ihren schönen aufgerichteten Blüten einen guten Kontrast zu bilden.

Im Botanischen Garten von München hat man silberne und andere blasse Pflanzen, darunter auch Fingerhut, sehr vorteilhaft mitten zwischen Heidekraut gesetzt. Mit ihren riesigen silbernen Blättern im Winter und den hohen silberngoldenen Blütenständen im Sommer ist die Königskerze *Verbascum bombyciferum* eine ausgesprochen auffallende Pflanze, die unbedingt einen Platz im Garten verdient. Andere schöne silberblättrige Königskerzen sind *V. olympicum* und *V. haenseleri*. *V. olympicum* wird sehr groß, hat verzweigte Stiele und treibt gelbe Blüten. *V. haenseleri* ist dagegen eine schlankere Pflanze. Ihre silbernen Blätter sind weniger filzig, ihre Blüten sind blaßgelb. Mir fällt es immer sehr schwer, die Königskerzen abzuschneiden, selbst wenn ihre Blüten schon lange verwelkt und die Blätter langsam unansehnlich geworden sind, da ihre hageren, aufragenden Stengel ganz eigenartige Umrisse bilden, die sich gut gegen das Heidekraut abheben.

Eine andere Pflanze, die mir in München auffiel, ist der blaugraugrüne Blaustrahlhafer, *Helictotrichon sempervirens*. Diese Pflanze sollte unbedingt separat stehen, und da sie immergrün ist, ist sie das ganze Jahr über schön anzuschauen. Auch Fingerhüte haben eine Menge zu bieten. Auf ihr reizvolles Laub – den ganzen Winter hindurch schöne graugrüne Rosetten – folgen spitz zulaufende Trauben mit hängenden Blütenglocken. Ich weiß nicht, ob die Exemplare, die ich in München gesehen habe, Formen der zweijährigen *Digitalis purpurea* sind. Die weiße Form dieser Spezies ist besonders attraktiv. Die zweijährige *D. grandiflora (D. ambigua)* hat schöne schwefelgelbe Blüten, während *D. × mertonensis* über lange Zeit rote Blüten mit lachs-rosa Schimmer hervorbringt. Dieser Fingerhut, es handelt sich um eine Kreuzung zwischen *D. purpurea* und *D. grandiflora,* wird selten höher als 60 cm.

In einem Garten in Dorset, in dem Heidekraut eine große Rolle spielt, sorgt ein langes, breites Beet, das mit verschiedenen Formen der *Erica carnea (E. herbacea)* bepflanzt ist, eine lange Zeit über für eine gute Wirkung. Im Vordergrund wächst ein dichter Teppich aus *E. c.* ›Springwood‹, eine Sorte mit relativ großen Blüten voller brauner Staubbeutel, die sich wunderbar mit *E. c.* ›Springwood Pink‹ und anderen Heiden in rosa und karminroten Schattierungen verbindet. Eine solche Bepflanzung würde ohne irgendwelche Akzente – in diesem Fall sind es verschiedene Ginsterarten – flach und monoton wirken. Es gibt viele Ginster, die man hier verwenden könnte, aber Variationen des wilden gelben Besenginsters, *Cytisus scoparius,* sind eine gute Wahl, wenn sie auch sorgfältig gepflanzt werden müssen. Sie mögen keinen Kalk und auch keine stark alkalischen Böden, sie gedeihen am besten in leichten Böden, die trocken und sandig, also gut durchlässig sind. Sie sollten immer mit viel Torf gepflanzt werden. Wenn Ginster gut gedeiht, stellt er im Winter seine leuchtendgrünen Triebe zur Schau. Vor allem in jungen Jahren müssen die Büsche regelmäßig kräftig zurückgeschnitten werden, damit sie eine schöne runde Form behalten. Läßt man sie ungestört wachsen, schießen sie, werden schmächtig und können dem Wind kaum noch standhalten.

Selbst wenn man höhere Heiden mit niedrigen kombiniert, ist das Resultat nicht mit einer vorsichtig gemischten Bepflanzung zu vergleichen. Mit Baumheiden, *Erica arborea, E. australis* und *E. lusitanica*, die man zwischen niedrigen Varietäten anordnet, läßt sich zwar die flächige Wirkung, nicht aber die Eintönigkeit aufheben, die durch das Zusammenpflanzen vieler Heidearten entsteht.

Nichts kann in einem großen Heidegarten schöner sein als eine Silberbirke in der buschigen Form mit zwei Hauptstämmen, die sich möglichst vom Boden aus verzweigen sollten. Zwischen Sorten der *Erica carnea (E. herbacea)* ist eine Form der *Weigela florida* ein angenehmer Anblick. Die niedrige *W. f.* ›Foliis Purpureis‹ paßt zum Beispiel gut zwischen Heiden mit hellem Laub, und die panaschierte Form verbindet sich leicht mit *E. carnea* ›Vivellii‹, einer spätblühenden karminroten Schneeheide mit dunklen Blättern.

Auch Zwergkoniferen passen gut zwischen Heidekraut. Man sollte sie aber nicht als Einzelexemplare verwenden, es ist wirkungsvoller, sie in Gruppen von ungefähr fünf kleinen Bäumen zusammenzupflanzen. Bei der Auswahl der Gehölze ist die Größe des Gartens von Bedeutung. Für einen kleinen Raum wird der Wacholder *Juniperus communis* ›Compressa‹ groß genug sein. Diese kompakten kleinen Bäume werden in der Regel 30–40 cm hoch. Die goldene Scheinzypresse *Chamaecyparis pisifera* ›Plumosa Rogersii‹ würde gut in einen schattigen Garten passen.

Schlingpflanzen, die man zwischen Heiden zieht, lockern das Bild ebenfalls auf. Der kletternde Eisenhut *Aconitum volubile* braucht keine Mauer, und ich habe schon kleinblütige Clematis-Varietäten zwischen niedrigen Heiden gesehen. Im allgemeinen kommen Clematis-Arten mit blassen Blüten am besten zur Geltung, wie zum Beispiel *Clematis viticella* ›Little Nell‹ oder *C. v.* ›Alba Luxurians‹, die weiße Blüten mit grünen Spitzen trägt. Auf hellem Laub könnte man die karminroten oder dunkelrosa Sorten wie *C. v.* ›Kermesina‹ mit karminroten, ›Bountiful‹ mit weinroten oder *C. v.* ›Margot Koster‹ mit dunkelrosa Blüten verwenden. Da die Schönheit der perlweißen Clematis ›Huldine‹ zum größten Teil auf den zart lila-rosa schattierten Rückseiten ihrer Blütenblätter beruht, sollte sie möglichst so gepflanzt werden, daß man diese auch sehen kann.

Manche Leute mögen schockiert sein, wenn man so ›ordinäre‹ Pflanzen wie die silbern panaschierten Vinca-Arten, ob nun *V. major* oder *V. minor,* zwischen wertvollen Heiden herumkriechen läßt; indes, sie sorgen für die notwendige Belebung des Heidegartens. Ich habe übrigens entdeckt, daß das goldblättrige Geißblatt *Lonicera japonica* ›Aureo-reticulata‹ besser zur Geltung kommt, wenn es sich über andere Pflanzen winden kann, statt über eine Mauer zu wachsen. Ein Exemplar, das ich an eine Mauer gepflanzt hatte, hat offenbar festgestellt, daß es mehr Spaß macht, frei umherzuziehen, und so schmückt es nun die zu seinen Füßen wachsenden Ysop- und Lavendelsträucher. Seine goldgelb netznervigen Blätter heben sich gut gegen die Sträucher ab, und sie sehen im Winter schön aus, wenn sie einen rosa Hauch annehmen.

18. KAPITEL

Wiederentdeckung der Farne

Es ist nicht zu übersehen, daß Farne wieder zu Ehren kommen. Gärtner von heute haben entdeckt, wie sie mit dem reizvollen immergrünen Laub schattige und feuchte Partien mit wenig Aufwand begrünen können. Farnwedel gehören zu den Wundern der Natur, und die Familie der Farne ist so groß, daß die Vielfalt der Varietäten, die man ziehen kann, nahezu endlos ist. Enthusiasten haben bereits begonnen, Farne zu sammeln, so wie man bisher Gräser, Primeln oder Rhododendren gesammelt hat.

Ein Grund für ihre jahrelange Vernachlässigung besteht vielleicht darin, daß viele von uns mit Farnen aufgewachsen sind und die Lust an ihnen verloren hatten. Für mich waren Farne immer allerletztes Hilfsmittel, auf das die Gärtner zurückgegriffen haben, wenn ihnen nichts mehr einfiel. Ich erinnere mich noch gut, daß ich recht unfreundlich zu dem jungen Mann war, der mir anläßlich der Gestaltung eines feuchten Beets am Fuße einer Nordmauer Farne empfahl. Die viktorianische Epoche hat viele Spuren hinterlassen, und die Art und Weise, wie Farne mißbraucht wurden, gehört sicher dazu. Gewöhnliche Farne wurden häufig in die naß-kalten, als ›Steingärten‹ bezeichneten Schlackehaufen gepflanzt, und wir assoziieren sie sofort mit den düsteren Gebüschen dieser Zeit. Besitzer großer Häuser haben sich wunderbare Orangerien und Gewächshäuser gebaut, wo sie in der richtigen Atmosphäre die selteneren Farne zusammen mit anderen frostempfindlichen Pflanzen hegten. Leute, die keinen entsprechenden Platz zur Verfügung hatten, verbauten ihre Erkerfenster mit kunstvollen Gestellen voller empfindlicher Farne, die noch das letzte bißchen Licht schluckten, das die schweren dunklen Samtportieren hereinließen. Als Kinder mußten wir immer die wertvollen Farne in den Garten tragen, sobald ein freundlicher warmer Nieselregen fiel, und ich für meinen Teil haßte sie genauso wie den Kanarienvogel, der gebadet und dessen Käfig gereinigt werden mußte. Ich vermute, daß auch die Farne regelmäßig gewässert werden mußten, aber diese Arbeit wie auch das sorgfältige Abwaschen der Metzgerpalmenblätter (Aspidistra) wurde uns nicht anvertraut.

Heute ist man bestrebt, das Gärtnern so leicht wie möglich zu machen, und die Enthusiasten ziehen ihre Farne häufig nur noch im Freien, wenn auch die frostempfindlichen Zimmerfarne ihren Platz im Gewächshaus nicht verloren haben. Aber nicht jeder hat ein Gewächshaus, und viele Leute bevorzugen winterharte Pflanzen. Wieder waren es zuerst die Blumenbinder, die uns auf die Vorzüge schöner Laubpflanzen und vor allem solcher Pflanzen hingewiesen haben, die reizvolle Blätter für Winterdekorationen liefern.

Ich nehme nicht an, daß die heutige Generation von Gärtnern wieder zu den Farnpflanzungen viktorianischer Zeit zurückkehren wird, ebensowenig wie man Mooshäuser, Grotten oder Muschelhäuser baut, aber für Farne gibt es auch heute reizvolle Verwendungsmöglichkeiten. Ich kenne einen Gärtner, der den Rand eines kleinen natürlichen Teiches in einem schattigen Teil seines Gartens wunderbar mit exotischeren und selteneren Farnen bepflanzt hat. Eine alte Dame, die niemals ihre frühe Zuneigung zu Farnen verloren hat, pflanzte ihre Exemplare unter einen großen Baum, der auf einer Anhöhe wächst. Sie hat eine Reihe von Terrassen mit gespaltenen Baumstämmen anlegen lassen, die Zwischenräume mit einer guten Lauberde angefüllt und eine große Auswahl an Farnen dorthin gesetzt. Zur Aufhellung des Grüns klettert überall kleiner panaschierter Efeu zwischen die Farne und über die Rinde der Baumstämme.

Es gibt viele kleinwüchsige Farne, die in alten Mauern gezogen werden können. Die selteneren Sorten verdienen einen Platz im schattigen Steingarten oder in einem etwas gepflegteren Waldlandbereich, und viele Farne, die sich sonst im Winter zurückziehen, bleiben auf einmal grün, wenn man sie wie ›VIPs‹ behandelt. In meinem Grabengarten sind mehrere reizvolle Farne ganz natürlich auf den steilen Böschungen gewachsen, unter anderem der Ilexfarn *Cyrtomium falcatum* mit 60 cm langen dunkelgrünen Wedeln, die an Ilexblätter erinnern, und der winterharte Hufeisen- oder Pfauenradfarn, *Adiantum pedatum*. Vor Jahren schon habe ich diesen Farn in eine Spalte zwischen Steinen auf der östlichen Böschung des Grabens gepflanzt, aber er scheint einfach nicht größer werden zu wollen, obwohl er sich in den Gärten anderer Leute austobt. Er ist eine amerikanische Spezies mit drahtartigen schwarzen Stielen und zarten Wedeln wie Frauenhaar, die in jungem Alter bronzefarben getönt sind. Der Venushaarfarn, *Adiantum venustum,* der aus dem Himalaja stammt, ist eine etwas kleinere Pflanze, die mehr der Gewächshausform unseres Frauenhaarfarns ähnelt. Ich habe ihn schon zusammen mit winterharten Alpenveilchen wachsen sehen, aber ich finde ihn schöner, wenn er ganz für sich zwischen Steinen steht. Zwei Streifenfarne haben Blätter wie der Frauenhaarfarn: *Asplenium adiantum-nigrum,* der Schwarze Streifenfarn, der gut in einer Mauer oder zwischen Steinen auf einer steilen Böschung gedeiht, und *Asplenium trichomanes,* die Schwarzbraune Steinfeder, die schmale grüne Blätter trägt und einen sehr durchlässigen Boden benötigt. Sie gedeiht gut in einer Felsspalte mit viel Bauschutt.

Bei mir wachsen am Boden der steilen Ufer des Grabens eine Menge Hirschzungenfarne. *Phyllitis scolopendrium (Scolopendrium vulgare)* liebt einen schweren Lehmboden und sät sich selbst an feuchten, schattigen Plätzen aus. Der Kalk hassende Teppichfarn *Currania dryopteris (Dryopteris*

Farne (im Uhrzeigersinn von rechts oben: *Cyrtomium falcatum, Ceterach officinarum, Phyllitis scolopendrium, Adiantum venustum*)

linnaeana) steht im Torfgarten, und verschiedene andere kleine Farne, die ich von Freunden geschenkt bekommen habe, sind glücklich unter den gekappten Weiden, die den Graben befestigen. Nach mehrmaligem Aussäen und vielen Anpflanzungen an verschiedenen Plätzen im Garten hat der Parasit *Lathraea clandestina,* die Schuppenwurz, schließlich doch eingewilligt, bei mir zu wachsen, und sie bedeckt jetzt eine recht große Fläche unter einer Weide – einer lebenden, keiner toten oder absterbenden Weide, die sie angeblich bevorzugen soll –, und ihre purpurfarbenen Blüten sehen in Verbindung mit dem umschmeichelnden Laub der kleinen Farne schöner aus.

Eine mit Farnen bepflanzte Schattenrabatte macht wenig Arbeit, und Farne können auch zusammen mit anderen pflegeleichten Pflanzen verwendet werden. Ihre filigranen Wedel bilden einen interessanten Kontrast zu Bergenien, und kombiniert man sie mit Taglilien, bedeckt das üppige Farngrün deren Wurzelkronen, die in ihrer Ruhezeit kaum sichtbar sind. Farnwedel lassen sich ausgezeichnet trocknen und sorgen in Trockengestecken für reizvolle Silhouetten vor hellen Wänden. Sehr häufig nehmen die getrockneten Farne einen sanften blaßgrünen Farbton an.

Die Namen der Farne sind oft recht umständlich, und je kleiner die Pflanze, desto länger scheint ihre Bezeichnung. Aber es gibt auch Farne mit einfachen Namen, zum Beispiel den schon erwähnten Hirschzungenfarn. Für viele Leute ist diese Pflanze ein ganz gewohnter Anblick, da sie so üppig auf schattigen Wegböschungen in Devonshire und Somerset wächst, aber sie ist auch wertvoll für schwierige Standorte, wo nichts anderes gedeihen will. Der Hirschzungenfarn liebt lehmige Böden, und mit seinem flach ausgebildeten Wurzelwerk ist er selbst an den abschüssigsten Plätzen sicher im Erdreich verankert. Seine langen, immergrünen Blätter sehen wie gekräuselte Bänder aus, die im tiefen Schatten länger sind und stärker herabhängen als in freien Lagen, wo sie sich mehr aufrichten. Farnsammler halten immer nach interessanten Sorten dieses Farns Ausschau, und sie werden oft fündig. *Phyllitis scolopendrium* ›Cristata‹, dessen Wedelenden kammartig geteilt sind, ist bei den Sammlern als »Hahnenkamm-Hirschzungenfarn« bekannt. *P. s.* ›Crispa‹, *P. s.* ›Undulata‹ und *P. s.* ›Nobile‹ haben alle mehr oder weniger gewellte Wedelenden, und bei *P. s.* ›Lacerata‹ sind die Wedel tief eingeschnitten und manchmal kammartig geteilt. Die Blätter der Hirschzungenfarne können gewellt und an der Oberfläche rauh sein, und bei der Sorte *P. s.* ›Marginata‹ sind auch die Ränder der schmalen Wedel gewellt. Bei *P. s.* ›Marginata Inequale Varians‹, einer reizvollen Form, sind die Wedel unregelmäßig eingeschnitten, und *P. s.* ›Marginata Inequale Muricate‹ hat tiefdunkelgrüne, gewellte Wedel mit rauher Oberfläche.

Am bekanntesten unter den heimischen Wildfarnen ist sicher der Wurmfarn *Dryopteris filix-mas*. Er hat 90 cm lange, stark geteilte Blätter, die mit ihrer spitz zulaufenden ovalen Form an große Seezungen erinnern. Eine sehr seltene Sorte dieses Farns ist *D. f.* ›Fluctuosa Cristata‹. Er ist viel kleiner als die Art, hat dunkelgrüne, gekräuselte und kammförmige Blätter und einen steifen, aufrechten Wuchs.

Der Frauenfarn *Athyrium filix-femina* ähnelt dem Wurmfarn ein wenig, ist aber kleiner und eleganter in der Form, und seine stärker spitzenartigen Wedel sind gebogener. Er verlangt einen feuchteren Standort als der Wurmfarn und umfaßt viele Sorten. Ein Gärtnereibetrieb, der sich auf winterharte Farne spezialisiert hat, bietet mehr als 20 verschiedene Varianten des Frauenfarns an – kammförmige, kreuzförmige und gedrehte. Eine der spektakulärsten Formen, der Harpunen-Frauenfarn *A. f.* ›Victoriae‹, hat schmale, kammförmige Fiedern, die ein Kreuzmuster bilden.

Der Rollfarn, der früher *Allosorus crispus* genannt wurde, trägt heute den botanischen Namen *Cryptogramma crispa*. Er benötigt einen kalkfreien Boden, der mit Humus und grobem Sand angereichert ist und im Frühjahr mit kalkfreiem Schotter bedeckt werden sollte. Der Rippenfarn *Blechnum spicant* braucht ebenfalls einen kalkfreien Boden, und seine ledrigen Blätter, die nur einmal geteilt sind, kommen besonders gut zur Geltung, wenn sie sich über eine Wasserfläche neigen können. Ein anderer Kalkhasser ist der breitblättrige Breitwedeldornfarn, *Dryopteris dilatata (D. austriaca)*, mit schönen großen dunkelgrünen Blättern. Wenn er nicht die passenden Bodenverhältnisse vorfindet, verliert er seine Wedel.

Einer der bekanntesten Farne ist der Königsfarn, *Osmunda regalis*. Er fühlt sich an jedem halbschattigen, feuchten Platz wohl, akzeptiert aber auch einen freien Standort, wenn sein großer, faseriger Wurzelstock im Wasser steht. Er ist zwar als Kalkhasser bekannt, kann aber meines Erachtens nicht allzu eigen sein, da er meinen Kalkboden gelassen hinnimmt. Seine Blätter sind besonders schön, wenn sie noch zusammengerollt sind, denn sie sind wie Bischofsstäbe geformt und kupfern getönt. Dieser Farn wird manchmal auch »Blühender Farn« genannt, da seine sporentragenden Wedel, die über den Blattwedeln aufragen, wie braune Blütenähren aussehen. Die Blätter lassen sich gut trocknen, müssen aber vorsichtig behandelt werden, damit der brüchige Hauptstiel, das Rückgrat des Blattes, nicht beschädigt wird. Geschickten Blumenbindern gelingt es mitunter, sie mit einem dünnen Draht zu verstärken.

Matteuccia struthiopteris wird allgemein Straußfarn genannt, weil er auf so elegante Weise seine jungen Wedel auseinanderrollt. Sie sind ganz blaßgrün und erinnern an Straußenfedern. Dieser Farn liebt einen sehr feuchten Standort.

Auch der Perlfarn, *Onoclea sensibilis,* steht gern am Wasserrand oder sogar direkt im Wasser. Vor seinen blaßgrünen Blättern, die so dünn wie Papier sind, heben sich die mit schwarzen Sporenkapseln bedeckten fertilen Wedel deutlich ab. Er hat flach kriechende Rhizome und kann an feuchten, schattigen Standorten eingesetzt werden. Seine Blätter lassen sich ebenfalls gut trocknen.

Die Schildfarne (Polystichum) sind allesamt schön, und es gibt viele sehr interessante Formen dieses in England heimischen Farns. Sie alle lieben leichten Schatten und einen mit

Lauberde oder Torf angereicherten Boden. Danach sorgen sie für sich selbst, aber wenn man sich die Zeit nimmt, sie noch einmal zusätzlich im Jahr mit Lauberde zu mulchen, gedeihen sie besonders gut. Eine reizvolle Form ist *Polystichum aculeatum* ›Proliferum‹, dessen lange Wedel auffallend horizontal wachsen und der über die ganze Länge seiner Stiele winzige junge Farne trägt.

Der Brutknospen-Blasenfarn, *Cystopteris bulbifera,* dessen Brutknospen unter den Blättern sitzen, sät sich an kühlen, feuchten und schattigen Plätzen selbst aus. Es ist ein ziemlich kleiner, zierlicher Farn.

Es gibt noch andere, in England heimische kleinwüchsige Farne, die sich für alte Mauern, Felsspalten und schattige Treppenränder eignen. Wenn sie sich einmal etabliert haben, gedeihen sie sehr gut und umschmeicheln das harte Gestein. Ich finde immer wieder in meinen alten Mauern kleine Pflanzen des Spreuschuppigen Schriftfarns, *Ceterach officinarum,* und auch der Mauerraute, *Asplenium ruta-muraria.* Beides sind hübsche kleine, büschelige Farne. Der erstere trägt seinen Namen »Rusty back« wegen seiner rostfarbigen Schuppen, die die Sporen auf den Rückseiten der Blätter bedecken. Der gewöhnliche Tüpfelfarn, *Polypodium vulgare,* hat längere Blätter, die manchmal eine Länge von 30 cm erreichen, aber in der Regel kürzer sind. Er nistet sich selbst in Mauern ein und wächst auch häufig auf Bäumen und Felsen.

19. KAPITEL

Gräser für müheloses Gärtnern

Ich denke, es gibt zwei Gründe dafür, daß unser Interesse an Gräsern immer größer wird. Einmal haben wir erkannt, wie einfach und pflegeleicht diese Pflanzen sind und wie sehr sie zur Schönheit des Gartens beitragen. Außerdem haben wir Linie und Farbe als Elemente schätzen gelernt, mit denen die Schönheit von Blüten unterstrichen werden kann.

Gräser sind immer für Blumengestecke verwendet worden – lange bevor die Floristik sie für sich entdeckte –, und wenn es nur ein paar zitternde Graswedel zwischen den Wildblumen waren, die man vor dem Haus gepflückt hatte. Noch heute, wo wir mehr Erfahrung im Umgang mit Schnittblumen haben, ist die Haltbarkeit von Wildblumen in der Vase sehr begrenzt, und in früheren Tagen blieben nur die Gräser in diesen rührenden kleinen Sträußen ansehnlich. Heute werden die Gräser mit Gartenblumen, Laub und getrocknetem Material kombiniert und wegen ihrer anmutigen Leichtigkeit und fließenden Eleganz geschätzt.

Offenbar scheinen Gräser in unser Bild eines pflegeleichten Gartens zu passen, solange es nicht zu viele und die wenigen sorgfältig plaziert sind. Ich sehe es gern, wenn sie sparsam und überlegt als Akzente gesetzt werden, etwa in den obersten Bereich einer steilen Böschung; hohe Gräser passen gut in eine flache Bepflanzung, um ihr Höhe zu verleihen; hohe überhängende Gräser, die man in Paaren zusammenpflanzt, bilden architektonische Übergänge zwischen verschiedenen Gartenbereichen; zartere, filigrane Gräser kann man in einem kleinen, intimen Garten wirkungsvoll als Blickpunkt herausstellen.

Einige Gräser sind gute Bodendecker, und es gibt Varietäten für fast alle Gartenbereiche. Manche wuchern offen gestanden ziemlich stark, so daß sie nur in großen, wilden Gartenpartien verwendet werden sollten. In der richtigen Umgebung können sie aber sehr schön sein.

Manchmal ist man versucht, alle seine Gräser wie eine Sammlung zusammenzupflanzen, doch ich glaube nicht, daß das eine empfehlenswerte Methode ist, es sei denn, man wäre ein Sammler mit einer Art Museumsgarten. Auch für einen Botanischen Garten mag eine Gräsersammlung geeignet sein, aber nicht für Privatgärten, die zum Schmuck da sind.

Ich habe immer den Eindruck, daß die Gräser in zwei Klassen unterteilt sind – in die wuchernden und die nicht wuchernden –, und so scheint es mir passend, sie in zwei Abschnitten zu besprechen (obgleich sich vielleicht einige der wohlerzogenen Typen in leichteren Böden als meinen nicht ganz so gut benehmen).

Das Pfahlrohr, das zu den größten Gräsern gehört, kann leicht eine Höhe von 2,40 m erreichen, bleibt aber mit einer Breite von rund 60 cm relativ schlank. Da seine wechselständigen blaugrauen Blätter lang und breit sind und von den Stielen herabhängen, kann man dieses Gras gut als Kontrast zu Pflanzen verwenden, die steif und aufrecht wachsen. Ich vermute, daß es in manchen Gegenden sogar blüht, obwohl ich es noch niemals habe blühen sehen, aber das stört mich nicht, da ich es wegen seines Laubs ziehe und es deshalb zur Sicherheit jedes Frühjahr bis auf den Boden zurückschneide. Soweit ich beobachtet habe, ist es ihm einerlei, ob es im Schatten oder in der Sonne wächst, aber es braucht eine passende Umgebung. Entweder sollte es als riesiges Einzelexemplar in einer sonst flachen Bepflanzung oder aber an einem gut überlegten Platz vor einem dunklen Hintergrund stehen.

Die panaschierte Form des Pfahlrohrs, *Arundo donax,* eine wunderbare Farbsymphonie in Weiß und Hellgrün, ist kleiner als die Art, aber weniger winterhart. Ich habe es einmal besessen und mich im Sommer an seiner kühlen Eleganz erfreut, doch den passenden Platz für das Überwintern habe ich nicht gefunden. Da ich kein Gewächshaus besitze, hoffte ich, es würde sich auf einem breiten sonnigen Fensterbrett in einem schwach beheizten Badezimmer (wo die Geranien den Winter verbringen) wohl fühlen, aber es verkümmerte und zeigte auch keinerlei Neigung, den Kampf fortzuführen, als ich es im Mai wieder ins Freie gepflanzt hatte.

Das Pampasgras, *Cortaderia selloana (C. argentea),* ist eine echte viktorianische Pflanze, aber ich sehe Anzeichen dafür, daß es nicht mehr ganz so sehr verachtet wird wie noch vor einiger Zeit. Die viktorianischen Gärtner brachten die Pflanze um ihre Schönheit, indem sie die größten Exemplare in die winzigsten Gärten stopften, bis man ihren Anblick leid war und auch die staubigen und oft schäbigen ›Federn‹, die einsam in kleinen, häßlichen Gefäßen steckten, nicht mehr sehen konnte. Das Pampasgras braucht für seine zartgrünen, überhängenden Blätter genügend Platz und für seine großen, seidigen Blütenköpfe die richtige Umgebung. Auch im Haus darf der Raum, in dem es stehen soll, nicht allzu vollgestellt und der Rahmen sollte freundlich, aber nicht pompös sein. In einem stattlichen Blumenarrangement in neutralen Farbtönen, die keine Konkurrenz darstellen, sollte es gebührend zur Schau gestellt werden. Zusammen mit Silberpfennigen (Lunaria), getrocknetem Akanthus, blaßgoldener Schafgarbe und blaugrauem Eukalyptus sieht es vor der alten Eichentäfelung in meinem Eßzimmer wunderschön aus. Die alten elfenbeinfarbenen Samenköpfe des Zierlauchs *Allium siculum* verbinden sich gut mit den anderen Pflanzen, und manchmal füge ich noch braune Farnwedel oder Königsfarn, *Osmunda regalis,* hinzu.

Pampasgräser stehen in meinem Garten an verschiedenen Stellen, doch am liebsten betrachte ich einen Horst, der am oberen Ende jener Treppenflucht wächst, die zu einem halb waldlandartigen Garten führt. Er beginnt im Spätherbst zu blühen und ist den ganzen Winter über prachtvoll. Für diesen Platz habe ich die kleinere Sorte *Cortaderia selloana* ›Pumila‹ ausgewählt. Sie ist nicht wirklich klein, da sie immerhin eine Höhe von 1,50 m oder mehr erreicht. Sie kann bis zu 2,10 oder sogar 2,40 m hoch werden, und schon oft habe ich sie vor dunklen Eiben auf ländlichen Friedhöfen bewundert. Auf einem Kirchhof in meiner Nähe, der hoch über der Straße liegt, stehen herrliche Horste von Pampasgras. In einem sehr großen Garten ist die hohe, elegante Sorte *C. s.* ›Sunningdale‹ unvergleichlich, da sie, aus der Ferne betrachtet, gut zur Geltung kommt. Wenn ich an Pampasgras denke, fallen mir immer zwei schöne Gärten ein, wo es sehr wirkungsvoll plaziert ist. In Abbotswood, Gloucestershire, ragen die silbernen Blütenrispen zwischen Laub in allen Farbtönen auf, und in Sheffield Park spiegeln sie sich, begleitet von leuchtenden Winterfarben, im Wasser. Ich kenne keinen Garten in England, wo das Pampasgras *C. s.* ›Rendatleri‹ so gut wächst wie in Südfrankreich. Es ist zwar nicht ganz winterhart, lohnt aber einen Versuch wegen der großen Blütenrispen mit einem Hauch von Rosa.

Es gibt mehrere gute Mitglieder der Stipa-Familie, unter denen das Riesenfedergras, *Stipa gigantea,* eines der größten ist. Es sieht aus wie eine große farbenprächtige Haferpflanze mit purpur-gelben Haferblüten in großen Köpfen an 1,20 m hohen Stielen. Die Blütenköpfe enden in purpurfarbenen Grannen, und die niedrigen Büschel aus grasartigen Blättern können als Bodendecker angesehen werden.

Weniger imposant, aber einfacher unterzubringen ist der Windhalm, *Apera arundinacea.* Dieses Gras ist zwar mit der Familie Stipa verwandt, sieht jedoch ganz anders aus. Es bildet einen dichten Horst von ungefähr 30 cm Höhe aus feinen, eleganten Blättern, die im Herbst einen intensiven Bronzefarbton annehmen.

Von den hohen Gräsern werden die verschiedenen Miscanthus-Formen wahrscheinlich am häufigsten gezogen. Das

Miscanthus sinensis ›Zebrinus‹

Zebragras, *Miscanthus sinensis* ›Zebrinus‹, ist eine wunderbare Pflanze, wenn sie genügend Platz hat. Obwohl ihre Höhe offiziell 1,20 m beträgt, wird sie in meinem Garten viel höher. Ich gebe diesem Gras gern eine Schlüsselposition über niedrigeren Pflanzen und plaziere es so, daß die Nachmittagssonne hindurchscheint und die goldenen Querstreifen auf den Blättern zum Leuchten bringt. Ich wünschte, die seidigen braunen Blüten würden etwas früher als im Spätherbst erscheinen, da sie nie genug Zeit haben, sich richtig zu öffnen; sie bleiben aber den ganzen Winter über stehen und nehmen wie die restliche Pflanze einen warmen Elfenbeinton an. Ich schneide meine Pflanzen niemals vor dem Frühjahr ab, da ihre hohe und kräftige Silhouette einen erfreulichen Akzent im winterlichen Garten setzt.

Das Chinaschilf, *Miscanthus sinensis* ›Gracillimus‹, ist ein helles graugrünes Gras mit schmalen Blättern. Es trägt seinen Namen zu Recht, denn es wirkt sehr elegant, mehr noch vielleicht als die panaschierte Form des *M. sinensis*. Aber dieses blasse Gras kann zusammen mit dem goldfarbenen Geißblatt *Lonicera nitida* ›Baggesen's Gold‹ und dem mahagonifarbenen *Sedum maximum* ›Atropurpureum‹ (*S. tele-*

phium ssp. *maximum* ›Atropurpureum‹)' ein harmonisches Bild ergeben. Auch diese Gräser schneide ich nicht vor dem Frühjahr ab.

Die größte Miscanthus-Art, das Silberfahnengras, *M. sacchariflorus,* ist so kräftig, daß es genauso wie Bambus als Windschutz verwendet werden kann. Es bildet keine Ausläufer, und seine breiten grünen Blätter rauschen angenehm im Wind. Ich habe eine goldene Form dieses Grases geschenkt bekommen, die mir aber nicht so üppig erscheint.

Die Pennisetum-Arten werden mehr wegen ihrer flaschenbürstenförmigen Blüten als wegen ihrer Blätter gezogen, die nicht sehr aufregend sind. Das Lampenputzergras *Pennisetum alopecuroides* hat 90 cm hohe Stiele und indigoblaue Blüten an 12 cm langen, walzenförmigen Blütenständen. Das kleinere, gut blühende *P. setaceum* trägt amethystfarbene Blütenköpfe mit kupferrotem Schimmer. Getrocknet sind sie graubraun, aber dennoch schön.

Ein weiteres hohes Gras ist das Süßwasserseilgras, *Spartina pectinata.* Die beste Gartenform, *S. p.* ›Aureomarginata‹, hat lange, bandartige, goldgestreifte Blätter und grüne Blüten, die sich gut für den Schnitt eignen.

Gräser von 45 bis 60 cm Höhe lassen sich in kleineren Gärten wahrscheinlich am besten verwenden, und zum Glück gibt es eine Vielzahl davon. Als erstes würde ich das Pfeifengras *Molinia caerulea* ›Variegata‹ auswählen, ein ganz zartes panaschiertes Gras mit schlanken, überhängenden Stielen. Meines Erachtens sollte man es so plazieren, daß seine schöne Form von allen Seiten gut zu sehen ist. Das gleiche gilt auch für den blaugrauen Blaustrahlhafer, *Helictotrichon sempervirens,* der ohne Blütenstiele ungefähr 45 cm hoch wird. Wie sein Name schon besagt, ist er das ganze Jahr über schön, und er eignet sich gut für Plätze im Garten, die im Winter verödet sind. Ich ziehe ihn zwischen Steinen am Rand des Rasens und auf einer niedrigen Mauer am Ende eines Steingartens.

Die Panicum-Arten passen gut in eine gemischte Rabatte. Auch Mrs. Norah Leigh (berühmt für ihren panaschierten

Phlox), von der ich sie geschenkt bekommen habe, verwendet sie in dieser Weise. *Panicum proliferum* bildet im Herbst eine wogende Masse aus schlanken Stielen und Blättern. Das Laub der Rutenhirse, *P. virgatum,* die einen kräftig rötlichbraunen Farbton annimmt, setzt zwischen anderen Pflanzen einen auffallenden dunklen Akzent. Das Lieschgras *Phleum aureum* bildet im Winter nur einen rotgoldenen Teppich, wirkt aber im Sommer spektakulärer, wenn es zarte Blätter mit goldenen Längsstreifen hervorbringt. Es ist keine sehr zähe Pflanze, und mit Sicherheit ist sie nicht von der Art, die man in Stücke reißen und mit der Erwartung in häßliche Ecken stopfen kann, daß sie in kürzester Zeit hübsche fette Horste bildet.

Der botanische Name für Segge ist Carex, und es gibt davon mehrere Arten, die wertvoll im Garten sind und nicht unbedingt einen feuchten Standort verlangen. Die Riesensegge, *Carex pendula,* die sich überall in meinem Garten aussät, braucht eine harte Hand. Sie ist eine ziemlich grobe Pflanze, die sich gut für rauhere Gartenbereiche eignet, wo ihre immergrünen Blätter und die an steifen Stielen hängenden grünen Blüten immer frisch aussehen. *C. gracilis (C. acuta)* ist mit ihren breiteren Blättern und ihren schweren aufrechten Blütenköpfen sogar noch steifer. Die Japansegge, *C. morrowii* ›Variegata‹, ein sehr viel eleganteres Gras, hat silbern gerandete Blätter. Das Zypergras *Cyperus vegetus* braucht weniger Feuchtigkeit, als man annehmen würde, und ich habe festgestellt, daß es sich in gewöhnlichen Blumenbeeten aussät und dort die ganze Saison über leuchtendgrüne Blütenköpfe hervorbringt. Das dunkelgrüne Lange Zypergras, *C. longus,* hat braune Blütenähren und liebt einen feuchten Standort.

Die Luzula-Arten gedeihen an trockeneren Plätzen und können sehr gute Bodendecker abgeben, da sie sich schnell vermehren und rasch eine dichte Matte bilden. Die Waldmarbel, *Luzula sylvatica (L. maxima),* hat ziemlich breite, leuchtendgrüne Blätter, und meine Form, die silbern gerandete Blätter trägt, ist eine recht reizvolle Pflanze. Die

Schneemarbel, *L. nivea*, wächst mehr büschelartig, hat weiche, graugrüne Blätter und trägt an 60 cm langen Stielen lockere, nicht ganz weiße Blütenbüschel.

Es gibt nicht viele Gräser mit goldenen Blättern, und die meisten von ihnen sind ziemlich niedrig. Mr. Bowles' goldenes Flattergras, *Milium effusum* ›Aureum‹, ist eine reizvolle goldene Form unseres heimischen Waldflattergrases, die der verstorbene E. A. Bowles entdeckt und kultiviert haben soll. Es ist immergrün und hat seine beste Zeit im Frühjahr, wenn seine Blätter, Stiele und Blüten alle gleichzeitig in einem strahlenden Gelb wie Gummigutt gefärbt sind. Es gedeiht gut im Schatten und zaubert wunderbare sonnige Flecken unter hohe Bäume – dort, wo auch winterharte Alpenveilchen gedeihen –, und es sät sich mäßig aus. Mr. Bowles hat auch eine Binse mit goldenen Stielen entdeckt. Sie vermehrt sich in meinem Garten ziemlich langsam, und ich weiß bis heute keinen Namen für sie.

Eines des entzückendsten kleinen Gräser, die an die Vorderfront einer Rabatte oder auch zwischen Steine in einen Steingarten passen, ist der blaugraue Blauschwingel, *Festuca cinerea (F. glauca)*. Er läßt sich leicht durch Teilung vermehren, breitet oder sät sich nicht selbst aus und ist das ganze Jahr über hübsch anzusehen. Ein schönes panaschiertes, niedriges Gras, das keine Ausläufer bildet, ist der Glatthafer (*Arrhenatherum elatius* ssp. *bulbosum* ›Variegatum‹) mit knollig verdickten unterirdischen Stengelgliedern (Internodien), die unter den weiß-grün gestreiften Blättern eine dichte Matte bilden. Ein zwergförmiger Kalmus, der zwischen Steinen im unteren Teil eines Steingartens wie zu Hause wirkt, ist der *Acorus gramineus* ›Elegantissimus‹ mit einem etwas seitlich geneigten Wuchs und schmalen panaschierten Blättern von ungefähr 20 cm Länge.

Es gibt Gräser, denen wir vertrauen können, und andere, die wie potentielle Feinde behandelt werden müssen. Das Honiggras *Holcus lanatus* ist ein hübsches kleines panaschiertes Gras, das einen ganz unschuldigen, freundlichen Eindruck macht, bis man es an eine besondere Stelle pflanzt, wo es sich dann über eine Fläche von mehreren Quadratmetern ausbreitet und aussät. In einem naturnahen Gartenbereich bildet es freundliche Flecken aus blassem Laub. Ich ziehe gern das alte panaschierte Rohrglanzgras, *Phalaris arundinacea* ›Picta‹, das ich auf eine Länge von 2,5 bis 5 cm vom Boden zurückschneide, wenn ich es an die Vorderfront einer Rabatte pflanze, wohingegen es seine Stiele und Blätter behalten darf, wenn es als Folie für purpurblättrige Sträucher verwendet wird. Da es ständig Ausläufer bildet, muß es, wo immer es hingepflanzt wird, mit einem Drainagerohr oder einem Ölfaß ohne Boden in seine Schranken gewiesen werden. Selbst dann versucht es noch zu entrinnen, indem es über den Rand quillt; man kann es jedoch leicht bis auf den Rand des Gefäßes zurückschneiden. Es bietet sich ohnehin zum Schnitt an, denn seine Blätter sitzen an nicht sehr steifen Stielen, so daß es ziemlich unordentlich aussieht, wenn man es stehenläßt und den Winterstürmen aussetzt.

Ich habe mich oft gefragt, ob man das Riesensüßgras, *Glyceria maxima* ›Variegata‹ (*G. aquatica* ›Variegata‹), daran hindern kann, so stark zu wuchern, indem man es an einen trockeneren Platz pflanzt. Ich habe es als Feuchtigkeit liebende Pflanze geschenkt bekommen und es deshalb an die feuchteste Stelle am Boden des Grabens gesetzt, wo nach schwerem Regen vom nahen Obstgarten Wasser hineinsikkert. Dort ist es sehr glücklich, wandert in alle Richtungen, taucht zwischen Steinen auf und breitet sich über weniger stark wuchernden Pflanzen aus. Dieses sehr schöne Gras wird ungefähr 30–60 cm hoch und trägt weiß-grün panaschierte Blätter, die rosa angehaucht sind. Ich wünschte, die weißbunte Form des Kalmus, *Acorus calamus,* würde ebenso überschwenglich wachsen. Es ist natürlich kein Gras – obgleich es eher wie ein solches wächst –, sondern eine mit Rhizomen ausgestattete Pflanze, deren Wurzel und Blätter an der Basis leuchtend rosa gefärbt sind. Die Blätter sind schmal und steif aufgerichtet, und die Wurzel duftet angenehm nach Mandarinen, wenn man kleine Stücke als Wurzelstecklinge abtrennt.

Ein anderes wirklich nicht zu bändigendes Gras ist der schöne blaugraue Strandhafer *Elymus glaucus*. Er kann nur bei der wildesten Gesellschaft zugelassen werden, da er sich überall bedenkenlos eingräbt und herumwandert. Das ist bedauerlich, denn er ist wirklich sehenswert, und ein wogender Strandhaferwald auf verlassenem Grund in der Nähe eines Wassers oder eine einzelne in den Sanddünen verankerte Pflanze kann ebenso schön wie nützlich sein. Wenn sich die blaugrauen Blüten öffnen – sie lassen sich auch gut trocknen –, wird das Bild noch eindrucksvoller.

20. KAPITEL

Der Garten im Winter

Auf meinen Vortragsreisen ist mir wiederholt aufgefallen, wie viele Gartenbesitzer unzufrieden damit sind, daß ihre Gärten im Winter so wenig zu bieten haben, und diejenigen, die gern Blumengestecke anfertigen, wünschten sich mehr Material zum Schneiden. Alle finden den Anblick von soviel nackter Erde bedrückend, und immer wieder werde ich gefragt, was man für den Winter pflanzen kann. Deshalb dachte ich, es könnte nützlich sein, ein paar Pflanzen aufzulisten, die sich wunderbar mit Sommerblumen kombinieren lassen, ohne zusätzliche Arbeit zu machen, und die gleichzeitig dafür sorgen, daß im Winter der Garten nicht länger armselig und bloß aussieht.

Die folgenden Listen sind alphabetisch geordnet, und ich habe sie kurz gehalten. Nähere Erläuterungen geben die Kataloge der Gärtnereien.

Kletterpflanzen

Akebia quinata Die Fingerblatt-Akebie, eine Schlingpflanze mit dunklen, fünflappigen Blättern, liebt den Schatten.

Clematis armandii Eine Waldrebe mit dunklen immergrünen Blättern und weißen Blüten (es gibt auch eine rosa Sorte), die im April erscheinen.

Hedera Alle Efeuarten sind immergrün; panaschierte Formen passen gut in dunkle Ecken, und Efeuarten mit dunkelgrünem Laub, zum Beispiel *H. helix* ›Deltoidea‹ und *H. colchica* ›Dentata‹, sehen an hellem Mauerwerk schön aus.

Lonicera japonica ›Halliana‹ Ein immergrünes Geißblatt, das im Sommer duftende cremefarbene Blüten trägt.

Rubus henryi var. *bambusarum* Die bambusähnlichen Blätter dieser kletternden Brombeere sind aus drei lanzettlichen Blättchen zusammengesetzt.

Stauntonia hexaphylla Eine starkwüchsige japanische Schlingpflanze mit kleinen blaßvioletten Blüten.

Farbiges Laub

Ajuga Die glänzenden Rosetten des Günsels *A. reptans* ›Atropurpurea‹ oder *A. r.* ›Multicolor‹ kommen im Winter gut zur Geltung.

Ferula Fenchel bildet ganz zu Beginn des Frühjahrs einen Hügel aus frischem, zartem Laub in Grün oder Bronze.

Phlomis Die weichen, graugrünen Blätter des Brandkrauts, die nach Weiß oder Zartgelb variieren können, machen diese Stauden und kleinen Sträucher im Winter zu wertvollen Pflanzen.

Ruta graveolens Das blaue Laub ist bei der Weinraute ›Jackman's Blue‹ besonders schön.

Salvia Purpurfarbener Salbei, goldener Salbei und schmalblättriger Salbei behalten alle im Winter ihr schönes Laub.

Tellima grandiflora Eine niedrige Pflanze mit rundlichen, deutlich herzförmigen Blättern; im Spätherbst werden sie rot und bronzefarben.

Goldfarbenes Laub

Arundinaria auricoma (A. viridistriata) Ein zwergförmiger, goldener, immergrüner Bambus, der in offener Lage am besten gedeiht.

Cassinia fulvida Sie wird manchmal auch »Goldheide« genannt, obgleich sie mehr bronze- als goldfarben ist; sie wächst zu einem schönen dichten Busch heran.

Chrysanthemum parthenium ›Aureum‹ Eine Zwergform unseres heimischen Mutterkrauts mit stark leuchtend goldenem Laub.

Cupressus macrocarpa ›Aurea‹ Eine wertvolle Zypresse zur Belebung des Gartens; es gibt noch andere gute goldene Koniferen.

Elaeagnus pungens ›Aurea‹, *E. p.* ›Dicksonii‹ Beide Ölweiden haben gold-grünes Laub.

Hebe Die Gattung der Strauchveroniken umfaßt mehrere Sträucher mit bronze- und goldfarbenen Blättern; zwei davon sind *H. armstrongii* und *H. hectoris*.

Hedera Es gibt große und kleine Efeuarten mit goldenen bzw. goldgefleckten Blättern; ›Goldheart‹ und ›Buttercup‹ sind Formen von *H. helix; H. colchica* ›Dentata Variegata‹ hat große, goldgescheckte Blätter.

Ligustrum Die goldene Form des Ligusters ist sehr wirkungsvoll, wenn sie als Solitärpflanze verwendet wird.

Lonicera nitida ›Baggesen's Gold‹ Ein immergrünes Geißblatt und eine schöne Solitärpflanze.

Immergrüne Sträucher

Bupleurum fruticosum Das Hasenohr hat blaugrüne Blätter und bringt gelbe Blüten hervor; es ist gut geeignet für exponierte Lagen und Küstengebiete.

Camellia Kamelien haben wunderbar glänzende Blätter und blühen frühzeitig; sie bevorzugen einen kalkfreien Boden und einen halbschattigen Standort.

Choisya ternata Die Orangenblume braucht einen Platz in einer geschützten Rabatte; ihr glänzendes, leuchtendgrünes Laub ist aromatisch; im Mai trägt sie weiße Blüten.

Daphne laureola Ein Seidelbast mit ganz dunklen, glänzenden Blättern und grünen Blüten, die früh im Jahr erscheinen; *D. tangutica* bildet einen schönen runden Busch mit kleinen dunklen Blättern und rosa Blüten im Mai.

Erica arborea Diese Baumheide erreicht mit der Zeit eine Höhe von 3 m und beansprucht einen kalkfreien Boden.

× *Fatshedera* Eine Kreuzung zwischen *Fatsia* und *Hedera* mit großen, glänzenden Blättern und typischen Efeublüten; läßt sich schön über eine Böschung fallen.

Fatsia japonica (Aralia sieboldii) Hat riesige, flache Blätter und bringt im Spätherbst cremefarbene Blüten hervor; sie wächst im tiefsten Schatten.

Garrya elliptica Das Becherkätzchen gedeiht gut an einer Nordmauer; der immergrüne Strauch hat gewellte graugrüne Blätter und im Winter lange blaßgrüne Kätzchen.

Hebe ›Autumn Glory‹, *H.* ›Primley Gem‹ Beide Sorten der Strauchveronika bilden schöne Büsche und haben im Winter hübsche Blätter und Blüten; *H. cupressoides* zeigt reizvolles blaugrünes Laub.

Koniferen Es gibt eine breite Auswahl an Formen, Größen und Farben, und ein paar Exemplare beleben den winterlichen Garten.

Lonicera pileata Ein niedriges immergrünes Geißblatt, das sich gut als Unterpflanzung und Bodendecker eignet.

Magnolia *M. grandiflora* hat das ganze Jahr über wunderbares Laub, und die Sorte *M. g.* ›Exmouth Variety‹, in einem

Garten mit niedrigen Pflanzen einzeln verwendet, ist im Winter ein wunderbarer Anblick.

Mahonia Alle Mahonien haben gutes immergrünes Laub; *M. japonica (Berberis japonica)* blüht den ganzen Winter über, *M. aquifolium (Berberis aquifolium)* zu Beginn des Frühjahrs; es gibt viele Hybriden.

Olearia ilicifolia Ein hübscher Strauch mit sehr dunklen, glänzenden Blättern, der in einer gemischten Rabatte gut zur Geltung kommt.

Osmanthus delavayi Die Duftblüte ist ein rundlicher Strauch mit dunklen immergrünen Blättern; da seine frühen duftenden weißen Blüten unter Frost leiden können, sollte er einen geschützten Standort haben.

Rosmarinus Die verschiedenen Formen von *R. officinalis* sind winterhart und immergrün.

Sarcococca Alle diese zwergförmigen immergrünen Sträucher sind wertvolle Pflanzen, denn sie haben auch noch duftende Blüten im Winter und nehmen sehr wenig Platz in Anspruch.

Skimmia Sträucher mit leuchtendroten Beeren und ansehnlichen glänzenden Blättern, die am besten im Schatten und in kalkfreiem Boden gedeihen.

Viburnum davidii Dieser Schneeball hat große, dunkle, immergrüne Blätter, und *V. tinus* (»Laurustinus«) zeigt im Winter schöne Blätter und weiße Blüten.

Immergrüne krautige Pflanzen

Asphodeline lutea Diese Junkerlilie treibt grasartiges Laub in einem grauen Farbton; im Winter ist ein großer Horst sehr wirkungsvoll.

Bergenia Pflanzen mit großen Blättern wie *B. cordifolia* sind ausgezeichnete Bodendecker; die Blätter sind oft karminrot getönt, und *B. purpurascens (B. delavayi)* hat aufrechte Blätter, die sich im Winter karminrot färben.

Carex pendula   Eine Riesensegge bildet Horste aus groben, grasartigen Blättern, die in einer kahlen Umgebung recht eindrucksvoll sind.

Cyclamen   Die marmorierten Blätter des winterharten Alpenveilchens sind den ganzen Winter über schön.

Epimedium   Nicht alle Arten der Elfenblume haben im Winter makellose Blätter; *E. perralderianum, E. pinnatum* ssp. *colchicum* und *E. × warleyense* sind aber bei mir den ganzen Winter lang schön.

Euphorbia   Alle Formen der Wolfsmilch *E. characias* ssp. *wulfenii (E. wulfenii)* sind im Winter schön und blühen im Februar; von den kleineren Arten sind *E. myrsinites, E. amygdaloides* und *E. coralloides* immergrün.

Farne   Alle Farne, vor allem die einfacheren Arten wie der Hirschzungenfarn, der Frauenfarn und der Wurmfarn, sind ausgezeichnete Winterpflanzen.

Fragaria   Die Erdbeere zählt zu den immergrünen Pflanzen; ihre Blätter variieren im Farbton von einem Hellgrün bei *F. vesca* bis hin zu einem kräftigen Dunkelgrün bei *F. californica* und *F. indica (Duchesnea indica).*

Geranium   Die meisten Storchschnabelarten verlieren ihre Blätter, aber *G. punctatum, G. reflexum* und *G. endressii* ›Rose Clair‹ sind immergrün.

Geum   Einige Arten der Nelkenwurz haben sehr schöne immergrüne Blätter im Winter.

Helleborus   Mit Ausnahme von *H. viridis* und ein paar seltenen Spezies sind alle Nieswurzen immergrün.

Heuchera   Das Laub des Purpurglöckchens ist das ganze Jahr über reizvoll; *H. viridis* ist dunkelgrün und färbt sich im Winter manchmal dunkelkarminrot.

Iberis sempervirens Die Schleifenblume ist eine immergrüne Pflanze mit kleinen dunklen Blättern, die gern als Kontrast gesetzt wird.

Iris foetidissima Die glänzenden Blätter dieser Iris oder Schwertlilie bleiben im Winter ansehnlich; auch *I. japonica* zeichnet sich durch schönes Laub aus.

Kniphofia caulescens Eine dekorative blaugraue Fackellilie.

Libertia Sie hat immergrüne, elegante, schmale Blätter, die zum Beispiel auf einer Böschung sehr wirkungsvoll sind.

Liriope Wenn auch klein im Wuchs, so hat sie doch grasartiges Laub, das im Winter einen schönen Anblick bietet.

Phormium Neuseeländer Flachs ist nicht überall winterhart, vor allem nicht die empfindlicheren Arten, aber die breiten, spitzen Blätter des gewöhnlichen *P. tenax* sind im Winter ein schöner Blickpunkt.

Primeln Mit ihren hübschen gekräuselten Blättern eignen sie sich gut als Unterpflanzung.

Salvia Viele Salbeiarten, darunter *S. sclarea* var. *turkestanica*, haben das ganze Jahr über herrliches Laub.

Scilla peruviana Der Blaustern behält das ganze Jahr sein glänzendes Laub.

Symphytum Die immergrünen Blätter des Beinwells mit ihrer matten Oberfläche sind auch im Winter ansehnlich.

Vinca Die verschiedenen Immergrünarten mit ihren sehr dunklen, glänzenden Blättern bilden im Winter dichte gesunde Bodendecken.

Blüten

Von den Zwiebelpflanzen einmal abgesehen, gibt es viele blühende Sträucher – *Chimonanthus praecox, Cornus mas, Garrya elliptica,* Hamamelis, Jasmin, *Lonicera fragrantis-*

sima und *L.* × *purpusii*, Mahonien und *Prunus subhirtella* ›Autumnalis‹, um nur einige zu nennen.

Zu den blühenden krautigen Pflanzen gehören Alpenveilchen, Heidekraut, Wolfsmilch, Nieswurz, Leberblümchen, Pestwurz *(Petasites japonicus)*, Primeln und viele Lungenkräuter.

Zweige, Stengel und ›Skelette‹

Cornus   Hartriegel mit roten Zweigen sind *C. alba* ›Sibirica Variegata‹ (*C. a.* ›Elegantissima‹), *C. a.* ›Spaethii‹ und auch *C. a.* ›Westonbirt‹; *C. sericea* ›Flaviramea‹ (*C. stolonifera* ›Flaviramea‹) hat im Winter ockergelbe Zweige.

Dipsacus fullonum (D. sativus, D. sylvestris)   Die Weberkarde zeigt ein wunderbares Winterskelett.

Leycesteria formosa   Es lohnt sich allein schon wegen ihrer glatten, grünen, bambusartigen Zweige, sie zu pflanzen; am besten kommt sie zur Geltung, wenn sie etwas über dem Niveau des übrigen Gartens gezogen wird.

Onopordum acanthium   Die Eselsdistel behält ihre Form wochenlang, bis Wind und Regen sie zur Strecke bringen.

Perovskia atriplicifolia   Ihre Zweige sind im Winter weiß (wenn die Pflanze bis zum Frühjahr nicht zurückgeschnitten wird).

Rubus cockburnianus (R. giraldianus)   Die pudrig weißen Zweige dieser Brombeere sind im Winter sehr ansehnlich; sie bildet Ausläufer.

Salix   Die Weiden bieten die reichste Auswahl an farbigen Zweigen.

Sedum   Die Fetthennen, insbesondere die robuste Züchtung ›Herbstfreude‹, haben kräftige tiefbraune Samenstände, und ich schneide sie niemals vor dem Frühjahr ab.

Pflanzen mit panaschiertem Laub

Arum italicum ›Marmoratum‹ Die marmorierten Blätter dieses Aronstabs erscheinen höchst passend im Spätherbst und halten bis zum Frühjahr.

Arundinaria Ich habe einen kleinen panaschierten Bambus geschenkt bekommen – seinen Namen kenne ich nicht –, der im Winter eine gute Figur macht.

Buxus Es gibt mehrere Sorten von panaschiertem Buchs, die sich in der Wuchsform unterscheiden.

Daphne odora ›Marginata‹ Ein Seidelbast mit blassen, silbern gerandeten Blättern.

Euonymus fortunei ›Silver Queen‹ Dieser kriechende Spindelstrauch ist ein vorzüglicher Bodendecker für dunkle Standorte, und verschiedene Sorten von *E. japonica* sind golden oder silbern panaschiert.

× *Fatshedera lizei* ›Variegata‹ Eine gute Sorte für einen geschützten Standort.

Hedera Alle panaschierten Efeuarten, ob groß oder klein, sehen im Winter großartig aus.

Ilex Panaschierte Stechpalmen kommen im Winter gut zur Geltung; der goldgefleckte *I. aquifolium* ›Ferox Aurea‹ paßt gut in einen kleinen Garten; andere Sorten sind von ausladenderem Wuchs.

Iris foetidissima ›Variegata‹ Eine der besten panaschierten Pflanzen im Winter, da sie immer tadellos aussieht und das Wetter ihr nichts anhaben kann.

Lamium Taubnesseln sind immergrün, und insbesondere *L. galeobdolon* ›Variegatum‹ (*Lamiastrum galeobdolon* ›Variegatum‹) sieht im Winter eindrucksvoll aus; auch *L. maculatum* ist eine gute Pflanze, da sie ständig blüht.

Ligustrum Beide panaschierten Formen des Ligusters, ob golden oder silbern, sind im Winter sehr ansehnlich.

Phormium tenax ›Variegatum‹, *P.t.* ›Veitchianum‹ Diese beiden Sorten des Neuseeländer Flachses haben gestreifte Blätter.

Vinca major ›Variegata‹ (*V.m.* ›Elegantissima‹) Dieses Immergrün mit auffallend cremeweiß und grün panaschierten Blättern hat im Winter seine beste Zeit.

Silberne und blaugraue Pflanzen

Cynara cardunculus Die Gemüse-Artischocke bildet, wie auch *C. scolymus,* große Horste von silbernem Laub, die den Winter über halten, wenn sie im Herbst zurückgeschnitten werden.

Dianthus Nelken bilden sehr willkommene Flecken aus blaugrünem Laub.

Hebe pinguifolia ›Pagei‹ Eine Strauchveronika mit kleinen blaugrauen Blättern, die niemals ihr wohlgenährtes Aussehen verliert; sie paßt gut an den Rand eines Troges oder einer Mauer, über die sie herabhängen kann.

Helichrysum siculum (H. serotinum) Diese Strohblume gehört zu den »Curry-Pflanzen« und bildet im Winter einen feinen Busch aus silbrigem Laub; *H. splendidum,* eine immergrüne Pflanze, hat kleinere Blätter.

Lychnis coronaria Im Herbst hat diese Vexiernelke Rosetten aus silbernem Laub; sie blüht im zweiten Jahr.

Santolina chamaecyparissus (S. incana), S. rosmarinifolia (S. neapolitana) Beide Arten des Heiligenkrauts wachsen zu silbrigen Hügeln aus gefiedertem Laub heran.

Senecio laxifolius, S. monroii Zwei silberlaubige Sträucher, die ihre Blätter behalten.

Teucrium fruticans Ein Gamander mit silbernen Blättern; er braucht einen warmen Standort.

21. KAPITEL

Praktische Hinweise

Selbst wenn wir für unsere Gärten einen zwanglosen, naturnahen Plan entwerfen und sie so pflegeleicht wie möglich gestalten – damit sie wirklich das ganze Jahr reizvoll aussehen, bleiben immer noch einige Arbeiten zu erledigen, die aber reduziert werden können.

Zunächst würde ich in einem naturnahen Garten auf alle Pflanzen verzichten, die einzeln abgestützt werden müssen – sie passen sowieso nicht hinein! Von einigen Spezies gibt es niedrigere Formen – so kann man bei den Rittersporen die Belladonna-Hybriden statt der häufiger verwendeten hohen Sorten wählen, den nur 90 cm hohen Eisenhut *Aconitum napellus* ›Bressingham Spire‹ statt der hohen Sorten von *A. carmichaelii (A. wilsonii)* und von den Fingerhüten lieber *Digitalis grandiflora (D. ambigua)* oder *D. × mertonensis* statt der höheren Züchtungen.

Mit einigen höheren krautigen Pflanzen läßt sich leichter umgehen, wenn man sie bis zum Boden zurückschneidet, sobald sie eine Höhe von 30 cm erreicht haben. Dies wird zur Folge haben, daß sie niedriger bleiben und später blühen. Herbstastern, Sonnenbraut und höhere Goldruten können so behandelt werden.

Ein zwanglos bepflanzter Garten, in dem alles überquillt und ineinanderwogt, würde ohne Begrenzungshecken und einige exakt beschnittene Koniferen als Kontrast ziemlich

›aufgeplustert‹ wirken. Unter den langsamer wachsenden Gehölzen sollte man solche auswählen, die wenig beschnitten werden müssen. Eibenhecken zum Beispiel wachsen gemächlich und benötigen nur einmal im Jahr einen Rückschnitt. Wenn sie neu gepflanzt werden, muß man sie leicht beschneiden, damit man sie dicht bekommt. Für kleine Hecken, die nicht höher als 90 cm werden sollen, eignet sich Buchs am besten, da er nur zögernd wächst und kaum beschnitten werden muß. Er gedeiht besonders gut in einem kalkhaltigen Boden. Als wir unseren Garten anlegten, haben wir leider Hecken aus dem Geißblatt *Lonicera nitida* angepflanzt, das *nicht* langsam wächst. Da wir den Garten völlig umgestalten mußten, waren wir für kleine bewurzelte Stecklinge dieses gefälligen Strauchs dankbar, und mit der Zeit legten wir immer mehr Hecken aus Stecklingen an, die uns die ersten Pflanzen lieferten. Sie kosteten nichts und schienen eine gute Wahl zu sein. Da das Geißblatt aber eine ständige Pflege benötigt, sollte es klein gehalten werden. Für hohe Hecken ist diese Pflanze eigentlich ziemlich ungeeignet, und obgleich niedrige Hecken drei- oder viermal im Jahr beschnitten werden müssen, kann man sich die Arbeit dadurch erleichtern, daß man die Sträucher möglichst kompakt hält. Um das zu erreichen, muß man sie sehr schnell nach der Pflanzung zurückschneiden, damit sie sich an der Basis stärker verzweigen. Die Basis sollte immer breiter sein als die Krone, und damit die Arbeit auf ein Minimum reduziert wird, sollte die Breite der Krone niemals 30 cm überschreiten.

Um den Weg durch meinen Terrassengarten zu betonen, habe ich ihn auf beiden Seiten mit einer Reihe von Scheinzypressen *Chamaecyparis lawsoniana* ›Fletcheri‹ eingefaßt, und obwohl die Bäume schon 20 Jahre alt sind, erfreuen sie sich noch immer bester Gesundheit und sind wohlgeformt. Im April schneide ich sie mit einer elektrischen Schere zurück, und im August werden sie ausgelichtet. Das bedeutet, daß ich hier und da kleine Stücke herausschneide, damit die Hauptstämme Licht und Luft bekommen. Für diese

Arbeit brauche ich sehr wenig Zeit; frische Triebe schließen die Lücken rasch wieder, und ich bin sicher, daß die Bäume deswegen weiter gut gedeihen. Ich verbringe immer viel Zeit damit, die Besucher davon zu überzeugen, daß ich die Koniferen nur zu ihrer Gesunderhaltung und nicht für nistende Vögel auslichte.

In Gärten, in denen viele Sträucher gezogen werden, kann man zwei lästige Arbeiten auf einmal erledigen. Statt die Blätter im Herbst wegzutragen und sie als Laubmulch oder Kompost zu verwenden, werden sie einfach auf die Beete gekehrt, wo sie eine Mulchdecke bilden. Die Mulchschicht sollte nicht dicker als 15 cm sein. Ich würde vielleicht nicht unbedingt so mit einigen meiner kleineren und zarten krautigen Pflanzen verfahren, die leicht von Schnecken abgefressen werden können, aber bei Sträuchern, großen Primeln und Heidearten hat sich diese Methode durchaus bewährt. Wenn in manchen Gärten Vögel immer wieder die Blätter auf den Rasen zurücktragen, können die Beete mit Netzen abgedeckt werden.

Breite Rabatten lassen sich viel schlechter bearbeiten als schmale, aber die Arbeit wird erleichtert, wenn Trittsteine oder ein kleiner Weg mitten durch die Länge der Rabatte führt. Wenn die Rabatte bepflanzt ist und alles gut wächst, sind die Steine nicht mehr zu sehen, und sie sorgen dafür, daß die Pflanzen nicht durch Werkzeuge, Eimer oder Körbe beschädigt werden und der Boden durch Fußtritte verdichtet wird. Sobald an der Rückseite der Rabatte eine Hecke vorbeiführt, die beschnitten werden muß, ist ein schmaler Weg oder eine Reihe von Trittsteinen unerläßlich, wenn die Pflanzen nicht beschädigt werden sollen. Ein schmales Beet hat den einen Vorteil, daß man es von beiden Seiten bearbeiten kann, ohne auf den Boden treten zu müssen.

Die meisten Rabatten in meinem Garten liegen an Steinwegen, und sie haben immer die gleiche Höhe wie die Wege. Früher war es üblich, den Boden hügelartig aufzuhäufen, wie mir erzählt wurde, damit das Wasser besser abfließen konnte und die Pflanzen gut zur Geltung kamen. Heutzutage wirkt das altmodisch und gekünstelt. Wenn sich die Rabatte an einer Rasenfläche entlangzieht, können Rasenkantensteine dazu beitragen, daß die Pflanzen nicht auf den Rasen hängen und an der Vorderfront der Rabatte eine unregelmäßige Linie entsteht. Auch das Beet sollte die gleiche Höhe wie die Kantensteine haben, und zwischen der Rasenfläche und den Kantensteinen sollte eine Rille von ungefähr 8 cm Breite und Tiefe entlanglaufen.

Wenn es um das Rasenmähen geht, so sollte man alle kleinen Ecken und Böschungen vermeiden, die schwer zu schneiden sind. In Crathes Castle – Gärten des Scottish National Trust – habe ich sehen können, wie man auf steilen Böschungen an Treppenrändern anstelle von Gras kriechende Koniferen verwendet hat. Zwiebelpflanzen im Rasen können viele Wochen lang das Rasenmähen unmöglich machen, wenn sie über die ganze Rasenfläche verstreut sind. Wenn man aber die Zwiebelgewächse auf eine Stelle konzentriert oder um Bäume herumpflanzt, macht das nicht mehr Arbeit. Es bedeutet nur, daß man mit dem Rasenmäher rings um die Zwiebelpflanzung eine größere Schleife ziehen muß und das Gras an der einen Stelle stehenläßt, bis dort das Laub der Zwiebelpflanzen abgestorben ist.

In einem sehr steilen Garten erspart man sich viel Arbeit, wenn man sich entweder auf halber Höhe des Hanges je einen Sand-, Torf- und Komposthaufen anlegt oder sie so aufteilt, daß man im oberen und im unteren Gartenteil das gewünschte Material zur Verfügung hat.

In einem Garten, der auf verschiedenen Ebenen liegt, sollte man die Wege möglichst so anlegen, daß man Mäher und Schubkarren in jeden Gartenteil transportieren kann, ohne sie über Stufen heben zu müssen. Wenn Treppenstufen unvermeidlich sind, kann man auf einer Seite eine Rampe anlegen, auf der sich Rasenmäher und Schubkarren hinauf- und hinabschieben lassen.

REGISTER

189

Die Angaben über Winterhärte, Dauerhaftigkeit und Blütezeit der Pflanzen sind auf das englische Klima bezogen und sollten nicht generell auf deutsche Verhältnisse übertragen werden. In Einzelfällen ist es ratsam, sich in Gärtnereien und Baumschulen zu vergewissern, ob und wie eine Pflanze hierzulande sicher durch den Winter kommt.